DIE

TÄTIGKEIT DES KOMMANDITISTEN

FÜR SEINE GESELLSCHAFT

VON

DR. IUR. BERNHARD GROSSE

LEIPZIG
VERLAG VON VEIT & COMP.
1907

Leipziger juristische Inauguraldissertation

Druck von Metzger & Wittig in Leipzig.

MEINEN LIEBEN ELTERN

IN DANKBARKEIT UND TREUE

ZUGEEIGNET

Inhalt.

Literatur.

(Die Zitierweise ist in Klammern beigefügt. Wo dies nicht geschehen, wird mit dem vollen Titel oder nach dem Verfasser zitiert.)

I.

ANSCHÜTZ und VON VÖLDERNDORFF, Kommentar zum Allgemeinen Deutschen Handelsgesetzbuch. II. Bd. Erlangen 1870.

BEHREND, Lehrbuch des Handelsrechts. I. Bd. Berlin und Leipzig 1886.

COSACK, Lehrbuch des Handelsrechts. 6. Aufl. Stuttgart 1903.

DÜRINGER und HACHENBURG, Das Handelsgesetzbuch vom 10. Mai 1897. I. Bd. Mannheim 1899.

ENDEMANN, Das Deutsche Handelsrecht. 4. Aufl. Leipzig 1887.

GAREIS, Das Deutsche Handelsrecht. 6. umgearbeitete Aufl. Berlin 1899.

GIERKE, Die Genossenschaftstheorie und die Deutsche Rechtsprechung. Berlin 1887.

GOLDMANN, Das Handelsgesetzbuch vom 10. Mai 1897. I. Bd. Berlin 1901. II. Bd. Berlin 1905.

VON HAHN, Kommentar zum Allgemeinen Deutschen Handelsgesetzbuche. 3. vermehrte und verbesserte Aufl. I. Bd. Braunschweig 1879.

LEHMANN und RING, Das Handelsgesetzbuch für das Deutsche Reich. I. Bd. Berlin 1902.

MAKOWER, Handelsgesetzbuch mit Kommentar. 12. Aufl. I. Bd. Berlin 1901.

PUCHELT, Kommentar zum Allgemeinen Deutschen Handelsgesetzbuche. 2. Aufl. I. Bd. Leipzig 1876.

PUCHELT-FÖRTSCH, Kommentar zum Allgemeinen Deutschen Handelsgesetzbuche. 4. Aufl. I. Bd. Leipzig 1893.

RENAUD, Das Recht der Kommanditgesellschaften. Leipzig 1881.

STAUB, Kommentar zum Handelsgesetzbuche. 6. und 7. Aufl. I. Bd. Berlin 1900.

THÖL, Das Handelsrecht. 6. Aufl. I. Bd. Leipzig 1879.

TUCHATSCH, Die Kommanditgesellschaft. 1894.

WACH, Handbuch des Deutschen Zivilprozeßrechts. I. Bd. Leipzig 1885.

II.

Denkschrift zu dem Entwurfe eines Handelsgesetzbuches. Berlin 1896. (Denkschr.)

Goldschmidt, Zeitschrift für das gesamte Handelsrecht. Herausgegeben von Dr. L. Goldschmidt u. a. Erlangen und Stuttgart. (Zeitschr. f. ges. H.-R.)

Juristische Wochenschrift, Organ des Deutschen Anwaltsvereins. Berlin. (J.-W.)

Protokolle der Kommission zur Beratung eines Allgemeinen Deutschen Handelsgesetzbuches. Herausgegeben von J. Lutz. 9 Teile. Würzburg 1858/1863. (Protokolle).

III.

Archiv für Theorie und Praxis des Allgemeinen Deutschen Handels- und Wechselrechts. Herausgegeben zuerst von F. Busch, zuletzt von H. Busch. 1863/1888. (Busch, Arch.)

Entscheidungen des Reichsgerichts in Zivilsachen. Veit & Comp. (RG.)

Entscheidungen des Reichsoberhandelsgerichts. Erlangen. 25 Bde. (ROHG.)

Die Praxis des Reichsgerichts in Zivilsachen von A. Bolze. 23 Bde. Leipzig 1886/1898. (Bolze.)

Abkürzungen.

BGB.	= Bürgerliches Gesetzbuch vom 18. August 1896. (§).
ZPO.	= Zivilprozeßordnung vom 17. Mai 1898. (§).
HGB.	= Handelsgesetzbuch vom 10. Mai 1897. (§).
Bisherig. HGB.	= Das Allgemeine Deutsche Handelsgesetzbuch vom 5. Juni 1869. (Art.)
GFG.	= Reichsgesetz über die Angelegenheiten der freiwilligen Gerichtsbarkeit vom 17. Mai 1898. (§).

Einleitung.

§ 1.
Begriff und juristische Natur der Kommanditgesellschaft.

I. Begriff.

Nach HGB. § 161 Absatz 1 ist die Kommanditgesellschaft eine Gesellschaft, deren Zweck auf den Betrieb eines Vollhandelsgewerbes unter gemeinschaftlicher Firma gerichtet ist, und bei welcher bei einem oder bei einigen von den Gesellschaftern die Haftung gegenüber den Gesellschaftsgläubigern auf den Betrag einer bestimmten Vermögenseinlage beschränkt ist — Kommanditisten —, während bei dem anderen Teile der Gesellschafter eine Beschränkung der Haftung nicht stattfindet — persönlich haftende Gesellschafter oder Komplementare. Sie ist jene Abart der offenen Handelsgesellschaft,[1] deren Wesen „in der Verbindung der unbeschränkten Haftung mindestens eines Gesellschafters mit der auf den Betrag einer Vermögenseinlage beschränkten Haftung mindestens eines anderen Gesellschafters" besteht.[2] Hiernach ergeben sich für die Kommanditgesellschaft drei Begriffsmerkmale:

A. Sie ist eine Gesellschaft.
B. Ihr Zweck ist auf den Betrieb eines Vollhandelsgewerbes unter gemeinschaftlicher Firma gerichtet.
C. Die Haftung der Gesellschafter gegenüber den Gesellschaftsgläubigern ist teils auf eine bestimmte Vermögenseinlage beschränkt, teils unbeschränkt.

ad A. Sie ist eine Gesellschaft. Das Gesellschaftsrecht ist bereits im BGB. §§ 705 ff. geregelt. Die dort vom Gesetzgeber erlassenen Vorschriften finden, wie sich aus HGB. § 161 Absatz 2,

---

[1] RG. Bd. XXXII S. 399.
[2] Denkschrift S. 110.

§ 105 Absatz 2 ergibt, auch auf die Kommanditgesellschaft Anwendung, soweit nicht im Handelsgesetzbuche besondere Vorschriften hierüber enthalten sind.

Unter „Gesellschaft“ versteht das bürgerliche und ebenso das Handelsrecht die Vereinigung von zwei oder mehreren Personen zur Erreichung eines gemeinsamen Zweckes in einer bestimmten Weise. Die notwendige Grundlage dieser Vereinigung ist der Gesellschaftsvertrag. Dieser[1] bestimmt, wie der Gesellschaftszweck erreicht werden soll, wie insbesondere die nötigen Mittel hierzu aufgebracht werden sollen; er regelt die Rechte und Pflichten der Gesellschafter[2] und die Führung der Gesellschaftsgeschäfte.

Das die Kommanditgesellschaft, wie überhaupt die Gesellschaft des Handelsrechts von der bürgerlichen Gesellschaft Unterscheidende ist besonders die Einheitlichkeit des Auftretens nach außen und de igrößere Selbständigkeit des Gesellschaftsvermögens. Auch die beiderseitige Zweckbestimmung ist eine verschiedenartige.

ad B. Während die bürgerliche Gesellschaft alle möglichen Ziele verfolgen kann und eine Schranke nur in den Vorschriften der §§ 134, 138 BGB. findet, muß der Zweck einer Kommanditgesellschaft auf den Betrieb eines Handelsgewerbes unter gemeinschaftlicher Firma gerichtet sein.

Diese Gesellschaft muß also ein Handelsgewerbe betreiben, und zwar, wie aus dem Zusatze „unter gemeinschaftlicher Firma“

---

[1] Eine Form für den Gesellschaftsvertrag ist im HGB. nicht vorgeschrieben. Die im Art. 150 Abs. 3 des bisherig. HGB. enthalten gewesene Vorschrift, daß es zur Gültigkeit des Gesellschaftsvertrages der schriftlichen Abfassung nicht bedürfe, ist mit Rücksicht auf das dem BGB. zugrunde liegende Prinzip der Formfreiheit der Rechtsgeschäfte für entbehrlich erachtet worden. (Denkschrift S. 80 ff., 111). Es ist somit auch möglich, daß der Vertrag stillschweigend, durch konkludente Handlungen zustande kommt (Planck, BGB. 3. Aufl. Berlin 1903 Bd. I S. 180; RG. Bd. X S. 103). Anderseits sind jedoch bei Abfassung des Vertrages die Vorschriften der §§ 311, 313, 125, 139 BGB. zu beachten.

[2] Die Vereinbarung, daß ein Gesellschafter nur am Verlust beteiligt sein soll (societas leonina) ist ebenso gegen die Natur des Gesellschaftsvertrags wie die andere, daß einer der Gesellschafter nicht beitragspflichtig sein soll.

hervorgeht, ein Vollhandelsgewerbe, d. h. ein die Voraussetzungen der §§ 1 bis 3 HGB. erfüllendes Gewerbe; denn nur die Inhaber dieser Gewerbe sind befugt, eine „Firma" im Sinne des HGB. zu führen. Hieraus folgt mit Rücksicht auf § 1 HGB. die Kaufmannseigenschaft der Kommanditgesellschaft als solcher.

Ihr Betrieb muß unter gemeinschaftlicher Firma erfolgen, d. h. die Kommanditgesellschaft muß einen die Gesamtheit der Gesellschafter umfassenden Namen führen, unter dem sie im Handel ihre Geschäfte betreibt und Unterschriften abgibt. Durch den Gebrauch dieses Gesamtnamens bekunden die Gesellschafter nach außen hin ihre Zusammengehörigkeit und Einheit im Handelsverkehre. Die Firma wird eine gemeinschaftliche durch den übereinstimmenden Willen sämtlicher Gesellschafter, der zum Ausdruck kommt im Gesellschaftsvertrage und der auf diesem beruhenden Eintragung ins Handelsregister.

ad C. Die bisher aufgeführten Merkmale der Kommanditgesellschaft hat sie mit der offenen Handelsgesellschaft gemein. Grundsätzlich verschieden aber ist bei beiden die Haftung der Gesellschafter gegenüber den Gesellschaftsgläubigern. Im Gegensatz zur offenen Handelsgesellschaft ist die Haftung der Mitglieder einer Kommanditgesellschaft für die Gesellschaftsschulden teils auf eine bestimmte Vermögenseinlage beschränkt, teils unbeschränkt. Mindestens ein Gesellschafter haftet also dem Gesellschaftsgläubiger gegenüber mit seinem ganzen Vermögen. Er wird vom Gesetze als „persönlich haftender Gesellschafter" bezeichnet, man nennt ihn auch „Komplementar" (in Frankreich: gérant). Seine Haftung für die Schulden der Gesellschaft ist zugleich eine gesamtschuldnerische,[1] sie besteht neben der Haftung der Gesellschaft.[2] Er ist Kaufmann im Sinne des HGB.[3] Bei mindestens einem der Gesellschafter ist die Haftung auf den Betrag einer bestimmten Vermögenseinlage beschränkt. Das Gesetz nennt diesen beschränkt haftenden Gesellschafter Kommanditisten (in Frankreich: commanditaire). Die Höhe der Einlage und damit das Maß der Haftung des Kommanditisten muß

[1] Vgl. BGB. §§ 421 ff.
[2] ROHG. Bd. XXIV S. 167.
[3] v. Hahn 3. Aufl. 1879 Bd. I Art. 4 § 3 S. 20.

in einer bestimmten Geldsumme ausgedrückt und für die Gesellschaftsgläubiger aus dem Handelsregister ersichtlich sein. Es ist jedoch nicht nötig, daß die Vermögenseinlage seitens des beschränkt haftenden Gesellschafters durch Barzahlung geleistet wird, vielmehr kann der Kommanditist durch Einbringen von Vermögensstücken irgendwelcher Art,[1] ja selbst durch Leistung von Diensten,[2] je nach den Bestimmungen des Gesellschaftsvertrags, seiner Beitragspflicht genügen.

Der Kommanditist, welcher seine Einlage der Gesellschaft „anvertraut" hat, hat prinzipiell keinen Anspruch auf ihre Rückerstattung; er ist nicht Gläubiger, sondern Teilhaber des Komplementars bzw. der Gesellschaft.[3]

Weil er nur mit einer bestimmten Vermögenseinlage und nicht unbeschränkt für die Gesellschaftsverbindlichkeiten einsteht, ist er, was allerdings in der Literatur bestritten ist, auch nicht als Kaufmann im Sinne des HGB. anzusehen.[4]

II. Juristische Natur.

Wie die Gesellschaft des bürgerlichen Rechts, so ist auch die offene Handelsgesellschaft und die Kommanditgesellschaft auf dem deutschrechtlichen Grundsatze der Rechtsgemeinschaft zur gesamten Hand[5] aufgebaut. Dieser Rechtsgemeinschaft ist wesentlich, daß ein besonderes, dinglich gebundenes Gesellschaftsvermögen vorhanden ist und ein Gesellschafter über seinen Anteil

---

[1] Denkschrift S. 111; RG. Bd. II S. 306; Behrend § 87 S. 627/28.

[2] Behrend § 87 S. 626/27; Lehmann-Ring § 161 Nr. 6 S. 347; a. M.: Staub § 161 Anm. 9 S. 508.

[3] Diesen Unterschied der Kommanditisteneinlage vom Darlehn hebt das preuß. Allg. Landrecht in Buch II Tit. 8 § 651 insofern scharf hervor, als nach ihm der Kommanditist „statt" (sonach „unter Ausschluß") der Zinsen am Gewinn oder Verlust der Gesellschaftsgeschäfte teilnimmt.

[4] Staub § 161 Anm. 6 S. 507, § 1 Anm. 8 S. 42; Düringer-Hachenburg § 1 S. 26; Endemann § 54 S. 170; Canstein in Goldschmidts Zeitschr. f. ges. H.-R. Bd. XX S. 88; Goldmann Bd. I S. 4, Bd. II S. 701 Ziff. 17; Behrend § 86 S. 623; RG. Bd. XVIII S. 149; a. M.: Cosack 6. Aufl. S. 534; Rudorff, Handelsgesetzbuch 1898 S. 110; Lehmann-Ring Bd. I § 161 Nr. 3 S. 346; Schwalb in Goldschm. Zeitschr. f. ges. H.-R. Bd. XXXIV S. 365 Note 68.

[5] Cosack 3. Aufl. 1895 § 84 S. 553; Denkschrift S. 90.

am Gesellschaftsvermögen und an den einzelnen dazu gehörenden Gegenständen nicht verfügen kann (BGB. §§ 718, 719). Wenn sie sich auch dem Wesen der juristischen Person nähert, so besteht doch ein grundsätzlicher Unterschied darin, daß die Gesellschaft keine selbständige Rechtsfähigkeit hat.[1] Der preußische Entwurf zum Handelsgesetzbuche (Art. 87) faßte zwar die Kommanditgesellschaft als juristische Person[2] auf. Hiergegen spricht aber einmal der Umstand, daß der Bestand der Kommanditgesellschaft von dem Bestande der sie bildenden Mitglieder, und zwar der Komplementare, abhängig ist, ferner daß die Komplementare für die Gesellschaftsverbindlichkeiten mit ihrem ganzen Vermögen einstehen, während doch für die juristische Person der Satz gilt: si quid universitati debetur, singulis non debetur, nec quod debet universitas, singuli debent. (fr. 7, § 1 Dig. quod cuiusque univ. nom. 3, 4). Die meisten Schriftsteller[3] und auch die Gerichte[4] sprechen sich daher gegen die Behandlung der Kommanditgesellschaft als juristische Person aus.

Auch die Ansicht, daß die Kommanditgesellschaft ihrer rechtlichen Natur nach eine Sozietät[5] des römischen Rechts sei, ist unhaltbar, denn für die Sozietät ist es charakteristisch, daß nur eine obligatio inter socios besteht, während nach außen hin die einzelnen socii so behandelt werden, als ob überhaupt keine Gesellschaft vorhanden wäre. Wie ließe sich nun hiermit die Vorschrift in Einklang bringen, daß die Gesellschaft Dritten gegenüber durch die Komplementare berechtigt und verpflichtet wird? Übrigens ist für die Streitfrage nach der rechtlichen Natur der Kommanditgesellschaft heute überhaupt kein Raum mehr, nachdem gemäß §§ 161 Abs. 2, 105 Abs. 2 HGB. die Kommanditgesellschaft als unter den Begriff der bürgerlichen Gesellschaft fallend bezeichnet worden ist.

---

[1] Planck 2. Aufl. 1898 unter II, 2 Vorbem. zum 14. Tit. S. 433.

[2] Endemann S. 119 ff., 128; Eccius in Goldschmidts Zeitschr. f. ges. H.-R. Bd. XXXII S. 5.

[3] Gierke S. 48 ff.; Behrend § 86 S. 623; vgl. auch Denkschrift S. 80.

[4] ROHG. Bd. XII S. 261, Bd. XXV S. 280; RG. Bd. V S. 71, Bd. XXXVI S. 140.

[5] Thöl 4. Aufl. 1862 Bd. I § 38 S. 14 Anm. 5; Gerber, System des deutschen Privatrechts 9. Aufl. § 195 Anm. 5, § 196 Anm. 13.

Das Hauptunterscheidungsmerkmal der Kommanditgesellschaft im Vergleich zu den übrigen Handelsgesellschaften ist also die Art der Schuldenhaftung ihrer Mitglieder. Und die Verschiedenheit des Eintretens der Komplementare und der Kommanditisten für die Gesellschaftsverbindlichkeiten hat naturgemäß eine verschiedene Behandlung und Stellung derselben im ganzen Geschäftsbetriebe zur Folge. Namentlich tritt dies bei der Geschäftsführung der Kommanditgesellschaft klar und ausgeprägt hervor. Welche Stellung nun Komplementare und Kommanditisten hierzu einnehmen, soll in unserer Abhandlung näher dargelegt werden.

Vorher müssen wir noch in einem zweiten einleitenden Paragraphen ein Wort über den Begriff der „Geschäftsführung" vorausschicken.

§ 2.
Begriff der Geschäftsführung.

Abweichend von allen früheren deutschen und ausländischen Gesetzen und Gesetzesentwürfen hatte der „Entwurf eines Handelsgesetzbuches für Deutschland" der sog. Frankfurter Entwurf von 1849, die durch Eingehung von Gesellschaftsverträgen entstehenden Rechtsverhältnisse in zwei Gruppen geschieden, nämlich in solche, welche nur die Beziehungen der Gesellschafter als solcher untereinander sowie zur Gesellschaft (das innere Verhältnis der Gesellschaft), und in solche, die das Verhältnis der Gesellschaft zu dritten Personen (das Verhältnis nach außen) betreffen. Diese beiden Verhältnisse fallen unter den höheren Begriff der „Verwaltung der gesellschaftlichen Angelegenheiten". Er umfaßt also einmal die internen Rechtsverhältnisse der Gesellschafter untereinander und zur Gesellschaft — das soll die „eigentliche Geschäftsführung" oder die „Geschäftsführung im engeren, technischen Sinne" genannt werden —, zum anderen das oben so genannte Verhältnis der Gesellschaft nach außen, das im folgenden als „Vertretung" bezeichnet werden soll.[1]

[1] Ähnlich ist im BGB. das Verhältnis zwischen Vollmacht und Auf-

Beide Ausdrücke wurden früher und noch in den Protokollen der Nürnberger Konferenz[1] (1856/1861) unterschiedslos zusammengeworfen. Man verstand unter „Geschäftsführung" sowohl die „Geschäftsführung im technischen Sinne" wie die „Vertretungsmacht", und man ging von der Voraussetzung aus, daß dem Geschäftsführer ohne weiteres auch die Vertretungsmacht zukomme. Ebenso wurden in der Literatur[2] und in den gerichtlichen Entscheidungen[3] beide Begriffe identifiziert, bis endlich im Jahre 1870 LABAND in seiner und GOLDSCHMIDTS Zeitschrift für das gesamte Handelsrecht[4] die Unrichtigkeit dieser Auffassung klarlegte.

„Zwischen dem Recht zur Geschäftsführung und der Vertretungsbefugnis besteht durchaus kein notwendiger Zusammenhang; es kann ein Gesellschafter von der Geschäftsführung dispensiert oder ausgeschlossen, aber dessen ungeachtet zur Firmierung befugt sein; umgekehrt kann einem Gesellschafter die Vertretungsbefugnis entzogen, aber ein wichtiger Teil der Geschäftsführung übertragen sein." Trotzdem sind auch in der späteren Literatur noch Ungenauigkeiten zu verzeichnen, wenn auch nicht in gleich großer Zahl wie früher.[5]

Unter „Geschäftsführung im engeren Sinne" ist der „Gesamtbetrieb des Geschäfts in der Stellung eines Prinzipals" zu verstehen. Die Entscheidung und Leitung der Gesellschaftsangelegenheiten umfaßt alle auf die Besorgung dieser Angelegenheiten bezüglichen Handlungen, soweit dabei das interne Verhältnis der Gesellschaft in Betracht kommt, also nicht allein die sich wiederholende Abschließung von Handelsgeschäften, sondern auch die

---

trag. Erstere bedeutet nämlich die Befugnis, für den Vollmachtgeber Dritten gegenüber rechtswirksam aufzutreten, während letzterer sich auf das Verhältnis zwischen Auftraggeber und Beauftragten bezieht. Beide Rechtsverhältnisse brauchen aber durchaus nicht in derselben Person zusammenzutreffen: Ein Bevollmächtigter ohne Auftrag ist ebensogut denkbar wie ein Beauftragter ohne Vollmacht.

[1] Protokolle S. 204, 210, 989, 1005, 4636, 4666.

[2] AUERBACH, Gesellschaftswesen S. 28, 45, 47; BIERER, Handelsrecht 2. Aufl. S. 55, 68 ff.

[3] ROHG. Bd. XVI S. 66 ff.; BUSCH Arch. Bd. II S. 146.

[4] Bd. XIV S. 642.

[5] v. HAHN Bd. I Art. 115 S. 414 ff.; RENAUD S. 163, 356, 467.

Aufnahme von Inventaren und Bilanzen, die Buchführung, die Berechnung und Verteilung von Gewinn und Verlust u. a. m., kurz sie bezieht sich nicht nur auf den Abschluß von Rechtsgeschäften, sondern auch auf die Vornahme rein tatsächlicher Handlungen.

Unter „Vertretungsmacht“[1] versteht man die gesetzlich normierte Befugnis, im Namen der Gesellschaft und mit Wirksamkeit für sie nach außen hin handelnd aufzutreten. Sie ist im Interesse der Raschheit und Sicherheit des Verkehrs vom Gesetzgeber ausdrücklich für unbeschränkt und unbeschränkbar erklärt und unterliegt in der Hauptsache, im Unterschiede von der Geschäftsführung, absoluten gesetzlichen Bestimmungen. Sie erstreckt sich auf alle gerichtlichen und außergerichtlichen Geschäfte und Rechtshandlungen einschließlich der Veräußerung und Belastung von Grundstücken, sowie der Erteilung und des Widerrufs einer Prokura.[2]

Während im § 714 BGB. die Vertretungsmacht als mit der Geschäftsführung verbunden angenommen wird, ist im Handelsgesetzbuche beides scharf geschieden.[3] Hier ist durchaus nicht nötig, daß dem vertretungsberechtigten Gesellschafter ohne weiteres auch das Recht zur Geschäftsführung zustehen müsse und daß dem Geschäftsführer eo ipso auch die Vertretungsmacht zukomme, wenn auch beides gewöhnlich kraft des Gesellschaftsvertrages in derselben Person vereinigt sein wird.

Nach welchen Grundsätzen die Geschäftsführung und Vertretung auf die Mitglieder der Kommanditgesellschaft verteilt ist, das ist der Gegenstand der folgenden Abhandlung.

---

[1] Hier ist der Ausdruck „Vertretungsmacht“ gebraucht, weil diese direkt auf dem Gesetze beruht, während „Vollmacht“ im Sinne des BGB. (§ 166 Abs. 2) die durch Rechtsgeschäfte erteilte Vertretungsbefugnis ist. Die Vertretungsmacht unterliegt somit nicht den besonderen, für die Vollmacht geltenden Regeln des BGB. (vgl. Makower § 125 S. 233).

[2] Vgl. HGB. § 126 Abs. 1.

[3] Durch die scharfe Trennung in Geschäftsführung und Vertretung wird die Rechtsanwendung erleichtert, da ja der Richter von vornherein ersehen kann, ob sich eine gesetzliche Vorschrift auf das interne Verhältnis der Gesellschaft oder aber auf das Verhältnis nach außen bezieht.

Im ersten Teile sprechen wir von der Geschäftsführung im engeren, technischen Sinne und beginnen mit der Stellung, die der Komplementar hierzu einnimmt.

Erster Teil.

Die Geschäftsführung im engeren Sinne.

§ 3.

Welche Stellung nimmt der Komplementar zu ihr ein?

Nach § 164 HGB. liegt die gesamte Geschäftsführung in den Händen der Komplementare. Sie sind die geborenen Geschäftsführer der Gesellschaft und unterstehen als solche gemäß § 161 Abs. 2 HGB. den für die geschäftsführenden Gesellschafter der offenen Handelsgesellschaft geltenden Vorschriften der §§ 109, 114 ff. HGB.

Nach § 114 Abs. 1 HGB. sind sie also zur Führung der Geschäfte der Gesellschaft berechtigt und verpflichtet. Das „Recht zur Geschäftsführung“ besagt, daß mangels besonderer Vereinbarungen jeder Komplementar verlangen kann, voll zur Geschäftsführung zugelassen zu werden, d. h. daß ihm die Möglichkeit gewährt wird, alle Handlungen vorzunehmen, die in den Kreis der Geschäftsführung fallen.[1] Diese Befugnis ist im Zweifel ein höchst persönliches Recht, der Komplementar ist also in der Regel nicht berechtigt, die Geschäfte der Gesellschaft einem Dritten zu übertragen.[2] In den meisten Fällen wird freilich naturgemäß eine Ausnahme von dieser gesetzlichen Regel geboten sein. Dem Recht steht die im Zweifel für alle Komplementare gleichmäßige Verpflichtung zur Geschäftsführung gegenüber, d. h. jeder Komplementar hat mangels besonderer Vereinbarung der Gesellschaft „seine kaufmännische Tätigkeit zu widmen und die nach Art, Umfang, sowie der konkreten Geschäftseinrichtung dem Prinzipale zukommenden Verrichtungen, tatsächliche wie rechtliche, vorzunehmen.“[3] Jeder Gesellschafter hat also ein Recht

[1] RG. Bd. XXV S. 52.
[2] Vgl. BGB. §§ 713, 664; RG. Bd. II S. 32.
[3] v. Hahn Vorbem. z. Art. 99—104 § 9 S. 348.

darauf, daß ein Komplementar den ihm obliegenden Verpflichtungen nachkomme. Auch Klage auf Erfüllung dieser Obliegenheiten steht ihm zu.[1] Verletzt ein Komplementar die Pflicht zur Geschäftsführung, so ist er der Gesellschaft für den daraus entstehenden Schaden verantwortlich. Hierbei braucht er nach § 708 BGB. nur für diejenige Sorgfalt einzustehen, die er in seinen eigenen Angelegenheiten anzuwenden pflegt.[2]

Ist bei einer Kommanditgesellschaft nur ein persönlich haftender Gesellschafter vorhanden, so liegt mangels besonderer Vereinbarung die gesamte Geschäftsführung lediglich in seinen Händen. Nach § 116 Abs. 1 HGB. ist er berechtigt und verpflichtet, alle Handlungen vorzunehmen, die der gewöhnliche Betrieb des Handelsgewerbes der Gesellschaft[3] mit sich bringt. Es kommen also nicht nur „Geschäfte, deren Abschluß gerade die Gesellschaft zum eigentlichen Gegenstande hat, die Eingehung, Verwirklichung und sonstige Abwickelung derselben, sowie die Führung der auf sie bezüglichen Rechtsstreitigkeiten in Betracht, sondern auch Tätigkeiten, die zur Verwaltung, Erhaltung und nutzbaren Anlegung des Gesellschaftsvermögens erforderlich sind."[4] Der Gesellschaftsvertrag kann jedoch infolge der subsidiären Geltung des § 116 Abs. 1 HGB. den Umfang der Geschäftsführungs-

[1] Vgl. ZPO. §§ 887, 888.

[2] Von vornherein sei hier bemerkt, daß ein Gesellschafter für diejenigen Geschäfte und Rechtshandlungen, die er auf Grund des Gesellschaftsvertrages vorzunehmen berechtigt und verpflichtet ist, immer nur für diligentia quam suis einzustehen hat, während er bei speziellen Sonderverträgen, z. B. bei Auftrag für culpa levis haftet. Die beschränkte Haftung für diligentia quam suis befreit aber natürlich nicht von der Haftung wegen grober Fahrlässigkeit (BGB. § 277) oder gar wegen Vorsatz.

[3] Unter „gewöhnlichen Betriebsgeschäften" sind alle Handlungen von nicht außergewöhnlicher Tragweite zu verstehen (ROHG. Bd. XX S. 247). Wenn auch eine Handlung als eine ungewöhnliche sich darstellt, so liegt ihre Vorbereitung doch nicht immer außerhalb des Bereiches der Geschäftsführung. Der Komplementar ist also im Zweifel berechtigt und verpflichtet, auch derartigen Handlungen, sofern sie ihm für die Gesellschaft nützlich und notwendig erscheinen, seine Aufmerksamkeit zuzuwenden und gemäß HGB. § 116 Abs. 2 einen Beschluß der übrigen Komplementare herbeizuführen.

[4] Tuchatsch S. 108 ff.

befugnis beliebig bestimmen, erweitern oder einschränken, und findet eine Schranke nur darin, daß er dem Wesen[1] des Gesellschaftsverhältnisses sowie den die gesamte Rechtsordnung beherrschenden §§ 134, 138 BGB. nicht widersprechen darf.

Während § 709 Abs. 1 BGB. von dem Grundsatze ausgeht, daß die Geschäftsführung den Gesellschaftern gemeinschaftlich zusteht und für jedes Geschäft die Zustimmung aller Gesellschafter erforderlich ist, hält § 115 Abs. 1 HGB. an der Vorschrift des Art. 100 Abs. 2 des bisherig. HGB. fest, wonach bei Vorhandensein mehrerer Komplementare im Zweifel jeder einzelne zur Führung der Gesellschaftsgeschäfte in vollem Maße berechtigt und verpflichtet ist. Er darf also alle in den Rahmen der Geschäftsführung fallenden Handlungen frei und selbständig vornehmen und braucht von den betreffenden Geschäften den anderen Gesellschaftern weder vorher Kenntnis zu geben noch ihre positive Zustimmung einzuholen. Jedoch ist jeder andere Komplementar, dem auch Geschäftsführungsbefugnis zusteht, berechtigt, der Vornahme einer derartigen Handlung jederzeit zu widersprechen.[2] Die Handlung muß dann unterbleiben, mag auch der Widerspruch unbegründet sein.[3] Nimmt der Komplementar die betreffende Handlung trotz des Widerspruchs vor, so ist die Gesellschaft Dritten gegenüber an sie gebunden. Entsteht der Gesellschaft daraus ein Schaden, so ist der Komplementar ihr gegenüber nach den Grundsätzen über die Geschäftsführung ohne Auftrag (BGB. §§ 677 ff.), eventuell also auch, wenn ihn kein Verschulden trifft (vgl. § 678 BGB.), verantwortlich. Beweist er jedoch, daß er

---

[1] RG. Bd. XXXI S. 73/74.

[2] Dieser Widerspruch, der sich gegen die Vornahme einer konkreten Handlung oder gegen eine Reihe bestimmter Handlungen, nicht aber generell gegen alle Handlungen, zu deren Vornahme der Komplementar befugt ist, richten muß (Lehmann-Ring § 115 Nr. 1 S. 243 ff.; Busch, Arch. Bd. XVIII S. 151), ist eine einseitige, empfangsbedürftige Willenserklärung und demjenigen Komplementar gegenüber abzugeben, der die Vornahme der Handlung beabsichtigt (vgl. auch BGB. § 130).

[3] Widerspricht ein Komplementar öfter unsachgemäß oder schikanös der Vornahme gewöhnlicher Betriebsgeschäfte, so kann er dadurch der Gesellschaft schadensersatzpflichtig werden, ja es kann deshalb auch seine Ausschließung aus der Gesellschaft erfolgen.

tatsächlich im Interesse der Gesellschaft gehandelt hat, so wird er von der Verpflichtung zum Schadensersatze befreit.[1]

Da die internen Rechtsverhältnisse der Kommanditgesellschaft durch die Vorschriften der §§ 163 ff. bzw. 109 ff. HGB. nur subsidiär geregelt sind und hierfür in erster Linie der Gesellschaftsvertrag[2] maßgebend ist, so kann abweichend von der gesetzlichen Bestimmung die Geschäftsführung vertragsmäßig nur einem oder einzelnen Komplementaren ausdrücklich übertragen sein. Dann sind die übrigen Komplementare von dem Rechte und der Pflicht zur Geschäftsführung ausgeschlossen[3] und haben ganz die Stellung, wie die von der Geschäftsführung ausgeschlossenen offenen Handelsgesellschafter. Ja, es wird der Vereinbarung nichts im Wege stehen, daß sämtliche Komplementare von der Geschäftsführung ausgeschlossen[4] sein sollen und diese eigens hierzu angestellten Personen, z. B. Prokuristen, übertragen werde. Dieser Fall ist indessen selten.

Die Übertragung der Geschäftsführung an mehrere Komplementare unter Ausschluß des Restes oder auch an alle Komplementare kann einmal in der Weise erfolgen, daß jeder einzelne für sich voll geschäftsführungsberechtigt und -verpflichtet sein soll, ferner auch so, daß die mehreren, bzw. alle Komplementare nur zusammen handeln[5] können. Im letzteren Falle bedarf es für jedes Geschäft der Zustimmung sämtlicher geschäftsführender Gesellschafter.[6] Es ist gleichgültig, ob das Geschäft einfach oder schwierig, dringlich oder nicht dringlich ist. Ein geschäftsführender Gesellschafter darf dann eben ohne Zustimmung[7] der übrigen

---

[1] Zeitschr. f. ges. H.-R. Bd. XXXV S. 230.

[2] Unter „Gesellschaftsvertrag“ ist nicht nur der ursprüngliche, die Gründung der Gesellschaft betreffende Vertrag, sondern auch jede nachträgliche, von allen Gesellschaftern getroffene Vereinbarung zu verstehen (Denkschrift S. 85).

[3] BGB. § 710; HGB. § 114 Abs. 2.

[4] Lehmann-Ring § 114 Nr. 4 S. 242; v. Hahn Art. 100 § 2 S. 352/53; Busch, Arch. Bd. X S. 410 ff.

[5] Sog. Gesamtgeschäftsführung.

[6] Vgl. HGB. § 115 Abs. 2; BGB. §§ 709, 710.

[7] Dieses kann vorher (BGB. § 183) oder nachträglich (BGB. § 184), ausdrücklich oder stillschweigend erteilt werden und bedarf nicht der für

Gesamtgeschäftsführer überhaupt kein Geschäft vornehmen. Ist die erforderliche Zustimmung der Gesellschafter, z. B. infolge Abwesenheit oder Krankheit einzelner oder auch eines einzigen von ihnen, nicht zu erreichen, so muß das Geschäft unterbleiben. Sie kann weder gerichtlich erzwungen[1] noch irgendwie ersetzt werden. Verweigert ein Gesamtgeschäftsführer entgegen den Interessen der Gesellschaft seine Zustimmung zu einem Geschäfte, so ist er der Gesellschaft für den daraus entstehenden Schaden verantwortlich.[2] Eine Ausnahme von der Gesamtgeschäftsführung greift nur dann ein, wenn Gefahr im Verzuge[3] ist. In diesem Falle kann jeder Gesamtgeschäftsführer selbständig die erforderliche Handlung vornehmen.[4] Jedoch muß er auch hier die Zustimmung möglichst vieler Gesamtgeschäftsführer zu erlangen suchen, sonst macht er sich eventuell schadensersatzpflichtig.[5]

Bei der Übertragung der Geschäftsführung auf mehrere Komplementare kann weiter vertragsmäßig bestimmt sein, daß z. B. von den drei Komplementaren A, B und C die Gesellschafter A und B nur gemeinsam handeln dürfen, während dem C die Geschäftsführung ganz selbständig zustehen soll. Ferner kann ver-

---

das vorzunehmende Rechtsgeschäft bestimmten Form. (A. M.: Planck 2. Aufl. Berlin 1900 § 709 unter 1b S. 460; vgl. BGB. § 182 Abs. 2.) Auch die Erteilung einer allgemeinen Einwilligung zur Vornahme gewisser Arten von Geschäften oder aller Handlungen, die nur gemeinsam auszuführen sind, ist statthaft.

[1] RG. Bd. XII S. 33/34.

[2] Planck 2. Aufl. Berlin 1900 § 709 unter 1a S. 460.

[3] „Gefahr im Verzuge" liegt allein dann vor, wenn es sich um Abwendung eines wirklichen Schadens handelt, der nur durch einen raschen Entschluß vermieden werden kann, und nicht schon in dem Falle, daß in Ermangelung schleunigen Handelns ein zu erzielender Gewinn zu entgehen droht. Unter „Gefahr" ist also damnum emergens, nicht lucrum cessans zu verstehen. (Puchelt-Förtsch Art. 100 unter 2 S. 214; a. M.: Staub § 115 Anm. 7 S. 368). Übrigens macht das BGB. von dem Grundsatze der gemeinsamen Geschäftsführung aller Gesellschafter auch bei der Gefahr im Verzuge keine Ausnahme (Denkschrift S. 85).

[4] Daß ein solcher Ausnahmefall vorgelegen hat, muß derjenige Komplementar beweisen, der ohne die Zustimmung der übrigen Gesamtgeschäftsführer gehandelt hat.

[5] v. Hahn Art. 100 § 3 S. 353; ROHG. Bd. XX S. 247.

einbart sein, daß bei der Vornahme von Geschäften Majoritätsbeschlüsse einzuholen sind u. a. m. Schließlich ist es auch möglich, daß dem bzw. den Komplementaren nur ein bestimmter Zweig der Geschäftsführung, z. B. nur die kaufmännische oder nur die technische Leitung, übertragen wird.

Alle diese Bestimmungen unterliegen, wie der gesamte innere Geschäftsbetrieb überhaupt, der beliebigen im Gesellschaftsvertrage festzulegenden Regelung durch sämtliche Gesellschafter.[1] Die Rechte und Pflichten der Komplementare, denen in der angegebenen Weise die Geschäftsführung im ganzen oder zu einem Teile übertragen ist, richten sich gemäß § 713 BGB. nach den für den Auftrag geltenden Vorschriften der §§ 664/670 BGB., soweit sich nicht aus dem Gesellschaftsverhältnis ein anderes ergibt.[2]

Der geschäftsführende Komplementar kann an sich, abgesehen von einer diesbezüglichen Vereinbarung, für seine Tätigkeit im Interesse der Gesellschaft keine Vergütung verlangen, auch nicht für solche Handlungen, die er, ohne dazu verpflichtet zu sein, berechtigtermaßen vorgenommen hat. In seinen Händen ruht ja die Geschäftsführung; die Tätigkeit, die er als Geschäftsführer aufwendet, ist gleichsam ein Beitrag (BGB. § 706 Abs. 3), den er ohne besondere Vergütung der Gesellschaft leisten muß. Hier kommen besonders in Betracht: Die vom Komplementar geführte Buchführung und Korrespondenz, ferner Geschäftsgänge und -reisen, Abschluß von Handelsgeschäften für die Gesellschaft, wie überhaupt die Vornahme kaufmännischer Arbeiten für sie. Es gehört hierher unter der Voraussetzung, daß es sich dabei um den Betrieb von Gesellschaftsgeschäften handelt, auch jede Tätigkeit, die besondere Fertigkeit in Technik, Kunst oder Wissenschaft erfordert und deshalb gewöhnlich als besonderer Beruf betrieben wird, sofern der betreffende Komplementar gerade zum Zweck der Beitragsleistung durch seine Berufstätigkeit in die Gesellschaft aufgenommen worden ist.[3] Baut z. B. ein Architekt, der gerade mit Rücksicht auf seine Baukenntnisse Mitglied einer

[1] Bolze Bd. II S. 278/79.

[2] Die Vorschriften der §§ 668, 670 BGB. werden z. B. durch die umfassenderen Bestimmungen der §§ 111, 110 HGB. ersetzt.

[3] ROHG. Bd. III S. 317 ff., 353 ff.

Kommanditgesellschaft geworden ist, für die Gesellschaft ein Fabrikgebäude, so kann er im Zweifel für den Entwurf des Fabrikgebäudes keine Bezahlung verlangen. Führt andererseits ein Rechtsanwalt, der im übrigen in den Gesellschaftsangelegenheiten nicht tätig ist, für die Gesellschaft einen Prozeß, so kann er für seine Tätigkeit die Gebühren fordern, die er dritten Personen gegenüber zu verlangen berechtigt wäre.[1] Vielfach wird sich aus den begleitenden Nebenumständen ein Anhalt dafür ergeben, ob für solche Dienste die übliche Vergütung als stillschweigend zugesichert zu erachten ist.[2] Etwa zu zahlende Vergütungen sind als reine Gläubigerforderungen des Komplementars anzusehen und deshalb besonders zu buchen.[3]

Die Geschäftsführungsbefugnis kann dem Komplementar auch ausdrücklich entzogen werden. Während im früheren Handelsrechte (Art. 101) die Entziehung der Geschäftsführung wider Willen des geschäftsführenden Gesellschafters nur möglich war, wenn die Befugnis auf dem Gesellschaftsvertrage, nicht auf dem Gesetz beruhte,[4] ist jetzt diese Entziehung auf alle Fälle der Geschäftsführung ausgedehnt.[5] Sie erfolgt gemäß § 117 HGB. bei Vorliegen eines wichtigen Grundes auf Antrag aller übrigen Gesellschafter durch gerichtliche Entscheidung. Es ist also ein Antrag der übrigen Gesellschafter in ihrer Gesamtheit, einschließlich der nicht geschäftsführenden Komplementare und der Kommanditisten, erforderlich. Der Beschluß der Gesellschafter kann nur dahin gehen, daß die Entziehung der Geschäftsführung bei Gericht beantragt werde. Durch einen Beschluß der Gesellschafter allein kann die Entziehung nicht erfolgen, auch der Gesellschaftsvertrag kann keine derartige Bestimmung treffen. Die Stellung des Antrags geschieht durch Erhebung der gericht-

---

[1] Staub § 110 Anm. 6 S. 359.

[2] Denkschrift S. 83. Die im Art. 93 Abs. 3 des bisherig. HGB. enthaltene ausdrückliche Bestimmung, wonach dem Gesellschafter für seine Bemühungen im Gesellschaftsbetriebe ein Vergütungsanspruch in keinem Falle zustehe, ist in das heutige HGB. als zu weitgehend nicht aufgenommen worden.

[3] RG. Bd. XXXI S. 143.

[4] BGB. § 712 Abs. 1.

[5] Denkschrift S. 86.

lichen Klage, bzw. durch Antrag auf Erlaß einer einstweiligen Verfügung, wenn deren Voraussetzungen gegeben sind.[1] Ob ein wichtiger Grund vorliegt, das zu entscheiden ist Sache des Richters. Die im § 117 HGB. aufgeführten zwei Fälle, nämlich grobe Pflichtverletzung und Unfähigkeit zur ordnungsmäßigen Geschäftsführung,[2] sind, wie sich aus dem Worte „insbesondere“ ergibt, keine erschöpfende Aufzählung, sondern nur Beispiele, um der richterlichen Prüfung einen Anhalt zu geben.[3] Es gehören z. B. noch hierher: Mißbrauch der Firma und des Gesellschaftsvermögens zu Privatzwecken, Unredlichkeit in der Rechnungslegung, Zuwiderhandeln gegen das Konkurrenzverbot des § 112 HGB. u. a. m.[4] Die Entziehung der Geschäftsführung erfolgt, abweichend von § 712 BGB., durch gerichtliche Entscheidung, und zwar durch Urteil oder einstweilige Verfügung.[5] Der Richterakt hat konstitutive Wirkung, er schafft ein neues Rechtsverhältnis. Hierdurch fällt das Recht und auch die Pflicht zur Geschäftsführung weg. Ist also überhaupt nur ein Komplementar vorhanden und ist diesem die Geschäftsführungsbefugnis auf die angegebene Weise entzogen worden, so muß in anderer Weise für den Betrieb der Gesellschaftsgeschäfte gesorgt werden, sei es seitens der Gesellschaft durch Bestellung eines Prokuristen, sei es durch gerichtliche Bestellung eines Sequesters. Ist im Falle der Gesamtgeschäftsführung einem der Gesamtgeschäftsführer nach § 117 HGB. die Geschäftsführungsbefugnis entzogen worden, so wächst diese entzogene Befugnis nicht etwa der Geschäftsführungsbefugnis der übrigen Gesamtgeschäftsführer zu, sondern es tritt nunmehr die gesetzliche Regel der §§ 114 Abs. 1, 115 Abs. 1 HGB. ein, wonach jeder einzelne der übrigen Gesamtgeschäftsführer zur selbständigen Geschäftsführung berechtigt und verpflichtet ist.[6]

---

[1] Vgl. insbes. ZPO. § 940.

[2] Diese Unfähigkeit braucht nicht verschuldet zu sein; vgl. Staub § 117 Anm. 3 S. 371.

[3] RG. Bd. XXIV S. 137.

[4] ROHG. Bd. XX S. 267, Bd. XIII S. 184; RG. Bd. XXIV S. 137.

[5] ROHG. Bd. XVI S. 72 ff.; RG. Bd. XXII S. 170.

[6] Staub § 117 Anm. 4 S. 371.

Die Frage, ob die Geschäftsführungsbefugnis, mag sie auf Gesetz oder Gesellschaftsvertrag beruhen, seitens des Gesellschafters gekündigt werden kann, ist im HGB. nicht entschieden. Sie ist aber nach § 105 Abs. 2 HGB. und § 712 Abs. 2 BGB. zu bejahen.[1] Voraussetzung ist das Vorliegen eines wichtigen Grundes. Auf das Kündigungsrecht[2] finden die für den Auftrag geltenden Vorschriften des § 671 Abs. 2 und 3 BGB. Anwendung.

Schließlich sei noch der besonderen Vorschriften des § 116 Abs. 3 HGB. gedacht, die sich auf die Erteilung[3] und den Widerruf der Prokura beziehen. Wie bei der offenen Handelsgesellschaft, so ist auch bei der Kommanditgesellschaft die Bestellung eines Prokuristen zulässig.[4] Diese würde man an sich zu den gewöhnlichen Betriebsgeschäften rechnen können, zu deren Vornahme jeder mit Geschäftsführung ausgestattete Gesellschafter befugt ist. Der Gesetzgeber hat jedoch unter voller Würdigung der großen Tragweite, welche die Erteilung einer Prokura hat, bestimmt, daß zur Bestellung eines Prokuristen die Zustimmung aller geschäftsführenden Gesellschafter erforderlich ist[5], es sei denn, daß Gefahr im Verzuge[6] ist. Die nachträgliche Zustimmung wirkt nach § 184 BGB. auf den Zeitpunkt der Bestellung zurück.[7] Bei der Erteilung der Prokura haften die mit Geschäftsführung versehenen Komplementare der Gesellschaft für diejenige Sorgfalt, die sie in ihren eigenen Angelegenheiten anzuwenden pflegen.[8] Bestellt nun ein geschäftsführender Komplementar ohne die erforderliche Zustimmung der übrigen Geschäftsführer einen Proku-

---

[1] Denkschrift S. 86; vgl. auch: Staub § 117 Anm. 7 S. 372; Makower § 117, II S. 214.

[2] Die Kündigung ist eine einseitige, empfangsbedürftige (BGB. § 130) Willenserklärung.

[3] Hierunter ist die Erteilung der Handlungsvollmacht, nicht die dienstliche Anstellung zu verstehen.

[4] ROHG. Bd. VII S. 415.

[5] Es ist stets im Auge zu behalten, daß es sich hier nur um das interne Verhältnis der Gesellschaft handelt.

[6] Vgl. oben S. 13 Anm. 3.

[7] Die Zustimmung ist an keine bestimmte Form gebunden. ROHG. Bd. XVI S. 35.

[8] BGB. § 708.

risten, so ist diese Bestellung nach außen hin wirksam, er haftet aber der Gesellschaft für den daraus entstehenden Schaden und ist auf Verlangen verpflichtet, die Prokura zu widerrufen. Nur bei Gefahr im Verzuge ist jeder mit der Geschäftsführung betraute Komplementar auch den Gesellschaftern gegenüber selbständig zur Bestellung eines Prokuristen befugt, auch im Falle der vertragsmäßig angeordneten Gesamtgeschäftsführung. Eine in solcher Weise erfolgte Prokuristenbestellung hat jedoch nur einen provisorischen Charakter; sobald es angängig ist, muß die erforderliche Genehmigung der übrigen Geschäftsführer erwirkt, oder wenn dieselbe nicht beigebracht werden kann, die Prokura alsbald widerrufen werden.[1] Der Widerruf der Prokura kann, soweit das interne Verhältnis der Kommanditgesellschaft in Betracht kommt, durch jeden der zur Erteilung oder zur Mitwirkung bei der Erteilung befugten Gesellschafter erfolgen, selbst im Falle der vertragsmäßig angeordneten Gesamtgeschäftsführung, ohne daß den übrigen Gesellschaftern ein Widerspruchsrecht gegen den Widerruf zustände.[2]

Die Bestimmungen des § 116 Abs. 3 HGB. gelten nicht für die Beschränkung der Prokura. Soweit eine solche überhaupt zulässig ist (§§ 48 Abs. 2, 50 HGB.), greifen die gewöhnlichen Vorschriften über die Geschäftsführung (§§ 114ff. HGB.) ein, wonach die Beschränkung einer Prokura sowie die Aufhebung einer solchen Beschränkung durch jeden einzelnen geschäftsführenden Komplementar erfolgen kann, sofern sie nur in den Rahmen der Geschäftsführungsbefugnis fällt. Ebensowenig finden die besonderen Rechtssätze des § 116 Abs. 3 HGB. Anwendung auf die Erteilung und den Widerruf einer Handlungsvollmacht (§ 54 HGB.), oder auf die Bestellung und Entlassung von Handlungsgehilfen und Handlungslehrlingen (HGB. §§ 59 ff.). Es gelten hierfür vielmehr die gewöhnlichen Bestimmungen des § 116 Abs. 1 und 2 HGB., d. h. es ist zu prüfen, ob diese Tätigkeiten zum gewöhnlichen Geschäftsbetriebe der Gesellschaft gehören oder ob sie darüber hinausgehen.

---

[1] Goldschmidts Zeitschr. f. ges. Hand.-R. Bd. XXXV S. 230.

[2] Denkschrift S. 86.

§ 4.

Welche Stellung nimmt der Kommanditist zu ihr ein?

Nach § 164 HGB. ist der Kommanditist, sofern der Gesellschaftsvertrag nichts anderes vorschreibt, von der Führung der Geschäfte der Gesellschaft ausgeschlossen. Es steht ihm als solchem das Recht zur Geschäftsführung nicht zu, d. h. er ist nicht befugt, den Geschäftsbetrieb der Gesellschaft zu leiten oder auch nur einzelne Rechtsgeschäfte und Handlungen, die dieser Betrieb mit sich bringt, vorzunehmen. Tut er es trotzdem, so handelt er im Verhältnis zur Gesellschaft als Geschäftsführer ohne Auftrag, und es finden auf ihn die entsprechenden Vorschriften des bürgerlichen Rechts Anwendung.[1] Danach hat er, was den Anspruch auf Ersatz von Auslagen anlangt, die actio negotiorum gestorum contraria.[2] Er muß es sich aber gefallen lassen, daß man ihn strenger behandelt als einen der Kommanditgesellschaft nicht angehörigen negotiorum gestor. Ein negotium utiliter coeptum (BGB. § 683) würde für ihn noch nicht genügen, sondern nur ein negotium utiliter gestum. Bei einem mißlungenen Eingriff in den Geschäftsbetrieb könnte man ihm mit Recht entgegenhalten, daß er sich um Geschäfte gekümmert habe, die ihn überhaupt nichts angingen, sondern zu den Obliegenheiten der Komplementare gehörten.

Auf der anderen Seite ist aber der Kommanditist auch nicht zur Führung von Gesellschaftsgeschäften verpflichtet, selbst wenn Gefahr im Verzug ist. Er braucht sich also weder um den gemeinschaftlichen Betrieb des Handelsgewerbes noch um die Erhaltung des Gesellschaftsvermögens zu kümmern; auch ist er nicht zur Leistung von Diensten im Interesse der Gesellschaft verpflichtet. Kurz, er hat in dieser Hinsicht grundsätzlich die Stellung eines von der Geschäftsführung ausgeschlossenen offenen Handelsgesellschafters. In jedem Falle trifft ihn aber die Pflicht der Verschwiegenheit über die Angelegenheiten der Gesellschaft.

Aus der Ausschließung der Kommanditisten von der Geschäfts-

---

[1] BGB. §§ 677 ff.

[2] Vgl. insbesondere §§ 683, 684 BGB.

führung darf man jedoch nicht folgern, daß dieser hinsichtlich seiner vertragsmäßigen Ansprüche völlig der Willkür der persönlich haftenden Gesellschafter preisgegeben sei. Wer sein Geld in einem Geschäfte angelegt hat, dessen ganze Leitung er vertrauensvoll einem anderen überläßt, der hat auch ein Interesse daran, daß ihm die Möglichkeit einer Einwirkung gegenüber dem Geschäftsführer gewahrt bleibt. Das HGB. entspricht diesem berechtigten Verlangen in zweifacher Weise:

A) Wie oben erwähnt, erstreckt sich die Befugnis zur Geschäftsführung auf alle Handlungen, die der gewöhnliche Betrieb des Handelsgewerbes der Gesellschaft mit sich bringt (HGB. § 116 Abs. 1). Ob nun eine Handlung eine solche ist, die der gewöhnliche Betrieb des konkreten Handelsgewerbes mit sich bringt, muß im Streitfalle der Richter entscheiden. Bei Vornahme von Handlungen jedoch, die über den gewöhnlichen Betrieb des Handelsgewerbes der Gesellschaft hinausgehen[1], haben die Kommanditisten ein Mitwirkungsrecht.

Von einem solchen „außergewöhnlichen" Geschäfte kann man dann sprechen, wenn das Geschäft zwar zum Betriebe des konkreten Handelsgewerbes gehört, aber von außergewöhnlicher Natur ist, oder wenn es dem Gesellschaftszwecke gänzlich fremd ist.[2] Stets ist hier der Gesellschaftsvertrag sowie Art und Umfang des tatsächlich geführten Betriebes maßgebend.[3]

Bei der Prüfung der Frage nach der Ungewöhnlichkeit einer Handlung ist nicht bloß auf die Art des Geschäfts, sondern auch auf seine Größe und Gefährlichkeit zu sehen.[4] So werden als ungewöhnlich zu gelten haben: Sehr erhebliche Kreditgewährung, sei es in bezug auf Höhe der Summe oder auf Länge der Zeit; sehr bedeutende Einkäufe von Waren, zumal von solchen, deren Umsatzfähigkeit zweifelhaft ist, oder die großen Preisschwankungen

---

[1] Das BGB. macht keinen Unterschied zwischen gewöhnlichen und außergewöhnlichen Geschäften, da bei der den Vorschriften des BGB. zugrunde liegenden Regel der gemeinsamen Geschäftsführung aller Gesellschafter hierfür kein Grund vorliegt. (Denkschrift S. 85).

[2] Vgl. die Fassung des Art. 103 des bisherig. HGB.

[3] Staub § 116 Anm. 2 S. 369.

[4] ROHG. Bd. XX S. 244 und 247.

unterliegen. Die Erteilung einer Handlungsvollmacht, das Engagement von Handlungsgehilfen ist je nach der Lage des Einzelfalles bald ein gewöhnliches, bald ein ungewöhnliches Geschäft. So wird die Anstellung eines Betriebsleiters mit ungewöhnlich hohem Gehalte oder auf ungewöhnlich lange Zeit als eine über den gewöhnlichen Betrieb des Handelsgewerbes der Gesellschaft hinausgehende Handlung zu gelten haben, desgleichen die Bestellung eines Generalbevollmächtigten für die Gesellschaft.[1] Ob auch Wechselzeichnung und Prozeßführung hierher gehören, ist dem Einzelfalle zu entnehmen. Die Auskunftserteilung über Kreditwürdigkeit eines Dritten gehört dagegen zu den gewöhnlichen Vorkommnissen im kaufmännischen Geschäftsleben.[2]

Als dem Zweck der Gesellschaft fremd sind solche Geschäfte anzusehen, die vertragsmäßig aus dem Geschäftskreise der Gesellschaft ausgeschlossen sind, wie Bewilligung von Honoraren und Tantiemen an die geschäftsführenden Gesellschafter, Erlaß von Forderungen, Schenkungen aus dem Gesellschaftsvermögen, Veräußerung, Verpfändung und Belastung von Gesellschaftsgrundstücken, der Beitritt der Gesellschaft als solcher zu einer anderen Gesellschaft.

Worin nun das Mitwirkungsrecht des Kommanditisten bei der Vornahme der außergewöhnlichen Geschäfte besteht, darüber herrscht in der Literatur Streit.

Die einen Schriftsteller gestehen in solchem Falle dem Kommanditisten, analog der Vorschrift bei der offenen Handelsgesellschaft[3], ein Mitwirkungsrecht bei der Beschlußfassung zu. Danach muß seine positive Zustimmung eingeholt werden.[4] So sagt z. B. Makower (12. Aufl. S. 329): „Die persönlich haftenden Gesellschafter dürfen Handlungen, die über den gewöhnlichen Betrieb des Handelsgewerbes hinausgehen, nur vornehmen, wenn ein Beschluß sämtlicher Gesellschafter (einschließlich der Kommanditisten)

[1] Staub § 116 Anm. 2 S. 369 und Anm. 12 S. 370 ff.

[2] RG. Bd. XX S. 194.

[3] HGB. § 116 Abs. 2.

[4] Es gilt hier mutatis mutandis dasselbe, was oben über die Gesamtgeschäftsführung gesagt worden ist.

vorliegt[1], denn ihre gesetzliche Geschäftsführungsbefugnis ist nach § 116 HGB. eine derart beschränkte. Ein Kommanditist, der eine über den gewöhnlichen Geschäftsbetrieb hinausgehende Handlung nicht wünscht, erreicht daher durch Stillschweigen ebensoviel als durch ausdrücklichen Widerspruch. Es ist nicht erkennbar, daß HGB. § 164 Satz I Halbsatz 2 etwas Gegenteiliges bestimmen oder etwa die Vorschriften des § 119 HGB. über die Fassung von Beschlüssen der Gesellschaft ändern wollte. Ist dies zutreffend, so tritt die Bedeutung des § 164 HGB. klarer hervor, wenn man HGB. § 164 Satz I Halbsatz 2 als überflüssig hinwegdenkt."

Andere räumen dem Kommanditisten nur ein Widerspruchsrecht gegen ungewöhnliche Geschäfte ein. So sagt z. B. Staub[2]: „Zu den außergewöhnlichen Geschäften der offenen Handelsgesellschaft ist nach HGB. § 116 Abs. 2 ein Beschluß sämtlicher Gesellschafter erforderlich. Daraus würde sich für die Kommanditgesellschaft ergeben, daß auch die Kommanditisten bei diesem Beschlusse mitwirken müssen. Aber der § 164 HGB. gibt ihnen ein geringeres Recht: sie brauchen nicht gerade zur Beschlußfassung herangezogen zu werden, sie haben nur das Recht, dem betreffenden Geschäft zu widersprechen[3], und zwar jeder Kommanditist für sich. Wenn man dem Kommanditisten nicht bloß ein Widerspruchsrecht nach HGB. § 164, sondern ein Mitwirkungsrecht bei der Beschlußfassung nach HGB. § 116 zugestehen wollte, wäre HGB. § 164 Satz I Halbsatz 2 inhaltlos. Zu solcher Annahme liegt kein Anlaß vor." Die Ansicht Staubs, die auch wir teilen, scheint die richtigere zu sein, und zwar schon mit Rücksicht auf die Gesetzesworte, denn HGB. § 164 Satz I sagt: „Die Kommanditisten sind von der Führung der Geschäfte der Gesellschaft ausgeschlossen; sie können einer Handlung der persönlich haftenden Gesellschafter nicht widersprechen, es sei denn, daß die Handlung über den gewöhnlichen Betrieb des Handelsgewerbes der Gesell-

[1] Derselben Meinung: Cosack 4. Aufl. § 111 S. 578 unter a; Lehmann-Ring § 164 Nr. 1 u. 2 S. 350; Behrend § 88; Renaud S. 245 ff.

[2] Kommentar zum HGB. 6. u. 7. Aufl. § 164 Anm. 3 S. 513.

[3] Derselben Ansicht: Anschütz - von Völderndorff Art. 158 S. 357, Art. 99 S. 181; Goldmann Bd. II § 164 S. 712 Ziff. 8.

schaft hinausgeht.“ Daraus läßt sich folgern: Geht eine Handlung der Komplementare über die gewöhnliche Grenze des Geschäftsbetriebes hinaus[1], so können die Kommanditisten ihr nur widersprechen, nicht aber ist, wie HGB. § 116 Abs. 2 will, zur Vornahme solcher Handlungen ein Beschluß sämtlicher Gesellschafter, also auch der Kommanditisten, erforderlich.

Zur Vornahme von außergewöhnlichen Handlungen ist also ein Beschluß sämtlicher Komplementare nötig, selbst bei Gefahr im Verzuge.[2] Kommt dieser nicht zustande, oder erhebt ein Kommanditist rechtswirksam Widerspruch, so muß das fragliche Geschäft unterbleiben, selbst wenn es noch so heilbringend und wichtig, seine Unterlassung noch so unheilvoll für die Gesellschaft wäre.

B) Außer dem Mitwirkungsrecht bei gewissen Geschäften steht dem Kommanditisten das Recht einer beschränkten Einsicht in den Geschäftsgang zu.

Nach HGB. § 166 Abs. 1 kann nämlich jeder Kommanditist die abschriftliche Mitteilung der jährlichen Bilanz verlangen und ihre Richtigkeit unter Einsicht der Bücher und Papiere prüfen, die Aufstellung und Unterzeichnung dieser Bilanz gehören zu den Obliegenheiten der geschäftsführenden Komplementare. Weitergehende Rechte stehen dem Kommanditisten als solchem nicht zu. Insbesondere entfällt bei ihm das aus BGB. § 810 sich ergebende Recht auf Vorlegung der Bücher, die ja Urkunden sind, in welchen ein gemeinschaftliches Rechtsverhältnis der Gesellschafter beurkundet wird, und welche in seinem Interesse errichtet sind; denn die Anwendung dieses Paragraphen würde dazu führen, dem Kommanditisten ein jederzeitiges Recht auf Vorlegung der Bücher zu gewähren.[3] Dies ist aber durch HGB. § 166 gerade ausgeschlossen worden.

Während der von der Geschäftsführung ausgeschlossene offene

---

[1] Daß eine Handlung über den gewöhnlichen Betrieb des Handelsgewerbes hinausgeht, würde der widersprechende Kommanditist nötigenfalls zu beweisen haben. Vgl. Gareis § 30 S. 264 Anm. 1. Über die Wendung „es sei denn“ vgl. Planck, BGB Vorbemerkung zum I. Buche S. 44, 47 ff.

[2] ROHG. Bd. XX S. 247.

[3] Staub § 166 Anm. 1 S. 515; a. M.: Makower § 166 I S. 330.

Handelsgesellschafter, ebenso wie der von der Geschäftsführung ausgeschlossene Komplementar, infolge seiner persönlichen Haftung gemäß HGB. § 118 ein unbeschränktes Einsichtsrecht in den Geschäftsgang der Gesellschaft hat, also jederzeit befugt ist, sich von den Angelegenheiten der Gesellschaft persönlich zu unterrichten, die Handelsbücher und Papiere der Gesellschaft einzusehen und sich aus ihnen eine Bilanz anzufertigen, hat der Kommanditist im allgemeinen nur nach Ablauf eines Geschäftsjahres, also nicht jederzeit, ein beschränktes Einsichtsrecht in den Gang der Gesellschaftsangelegenheiten. „Ihm steht entsprechend dem beschränkten Risiko, das er hat, nur die sog. papierne, nicht die sog. persönliche Kontrolle zu.“[1]

Der Kommanditist hat also nur das Recht auf Einsicht in die Geschäftsbücher, nicht auf ihre Herausgabe[2], und zwar darf er die Bücher nur insoweit einsehen, als deren Kenntnisnahme zur Prüfung der Richtigkeit der Bilanz erforderlich ist. Das Recht zur Einsichtnahme erstreckt sich auf sämtliche Bücher und Papiere, in denen sich auf die Gesellschaftsgeschäfte bezügliche Eintragungen befinden, insbesondere auch auf diejenigen Privatbücher der Komplementare, bei denen diese Voraussetzung vorliegt.[3] Aus HGB. § 166 ergibt sich ferner das Recht des Kommanditisten zu verlangen, daß die jährliche Bilanz korrekt aufgestellt wird, und daß gegebenenfalls Bücher und Bilanz berichtigt werden. Mehr aber kann er nicht verlangen, insbesondere darf er die Geschäftsführung der persönlich haftenden Gesellschafter nicht kritisieren oder ein Geschäft etwa deswegen, weil es nicht zweckmäßig gewesen sei, anfechten.[4]

Dieses Informations- und Kontrollrecht des Kommanditisten ist ein höchst persönliches[5] Recht; es ist also nicht übertragbar und kann grundsätzlich nicht durch einen Bevollmächtigten, wohl aber durch den gesetzlichen Vertreter ausgeübt werden.

---

[1] Gareis § 30 S. 267.

[2] Diese könnte nur im Verlaufe eines Rechtsstreites nach HGB. §§ 45/47 gefordert werden; vgl. auch ZPO. § 422 ff.

[3] ROHG. Bd. IV S. 78 ff.

[4] Staub § 166 Anm. 3 S. 515.

[5] BGB. §§ 717, 399.

Es erweitert sich aber wesentlich, wenn ein wichtiger Grund vorliegt. Dann kann (besser: muß) nämlich das Gericht auf Antrag eines jeden Kommanditisten gemäß HGB. § 166 Abs. 3 die Mitteilung einer Bilanz oder sonstiger Aufklärungen über die Geschäfte des laufenden Geschäftsjahres, sowie die Vorlegung der Bücher und Papiere jederzeit anordnen.[1] Für die Erlassung einer solchen Anordnung ist dasjenige Amtsgericht zuständig, in dessen Bezirke die Gesellschaft ihren Sitz hat.[2] Es ist ein Verfahren der freiwilligen Gerichtsbarkeit. Hierbei handelt es sich um ein Beschlußverfahren, welches sich nach den allgemeinen Vorschriften des GFG. richtet.[3] Voraussetzung für die Einleitung des gerichtlichen Verfahrens ist also ein entsprechender Antrag, der von jedem Kommanditisten selbständig gestellt werden kann, und das Vorhandensein eines wichtigen Grundes[4], der dabei nur aus dem Verhalten der geschäftsführenden Gesellschafter entnommen werden kann. Ob ein solcher vorliegt, untersteht auch hier im Streitfalle dem richterlichen Ermessen. Wird die Aufstellung einer Bilanz überhaupt gesetzwidrig unterlassen, so kann der Kommanditist deren Anfertigung durch einen Sachverständigen und hierzu Vorlegung der Geschäftsbücher fordern.[5]

Infolge des subsidiären Charakters des § 166 HGB. kann der Gesellschaftsvertrag das Informations- und Kontrollrecht des Kommanditisten erweitern — ihn hierin besonders den von der Geschäftsführung ausgeschlossenen offenen Handelsgesellschaftern gleichstellen — oder beschränken, ja überhaupt völlig aufheben. Doch ist auch in dem letzten Falle die Vorschrift des § 118 Abs. 2 HGB.[6] analog anzuwenden, wonach die vertragsmäßige Beschränkung bzw. Aufhebung des Kontroll- und Informationsrechts wegfällt und dem Kommanditisten das vorerwähnte weitere

[1] Dadurch wird der Kommanditist gegen irgendwelche Benachteiligung seitens der Komplementare geschützt.

[2] GFG. § 145.

[3] Vgl. insbesondere §§ 12, 146 GFG.

[4] Vgl. oben S. 16.

[5] Die Erzwingung der gerichtlichen Anordnung geschieht nicht nach GFG. § 33, sondern nach Landesrecht.

[6] BGB. § 716 Abs. 2.

Recht des § 166 Abs. 3 HGB.[1] zusteht, wenn Grund zu der Annahme unredlicher Geschäftsführung[2] besteht. Während nach Art. 105 Abs. 2 des bisherigen HGB. der „Nachweis unredlicher Geschäftsführung“ erforderlich war, genügt jetzt der „Nachweis dafür, daß Grund zur Annahme unredlicher Geschäftsführung besteht“, daß also begründeter Verdacht einer Unredlichkeit in der Geschäftsführung vorliegt.[3]

Es sei noch hervorgehoben, daß der Kommanditist gemäß HGB. § 165 dem Konkurrenzverbote der §§ 112, 113 HGB. nicht unterliegt; er ist ja nicht in gleichem Maße, wie der Komplementar, über den Geschäftsbetrieb der Gesellschaft unterrichtet, ist also auch nicht in der Lage, ihr Konkurrenz zu machen. Natürlich kann, abweichend von der gesetzlichen Regel, vereinbart sein, und zwar ausdrücklich im Gesellschaftsvertrage oder stillschweigend durch konkludente Handlungen, daß die §§ 112, 113 HGB. auf den Kommanditisten Anwendung finden sollen.

Weil die §§ 164/169 HGB. bezüglich des internen Verhältnisses der Gesellschafter nur Geltung haben, wenn und soweit der Gesellschaftsvertrag nichts Abweichendes bestimmt[4], kann die Stellung des Kommanditisten zur Geschäftsführung vereinbarungsgemäß auch anders geregelt sein als bisher ausgeführt worden ist. Es kann nämlich im Gesellschaftsvertrage bestimmt sein, daß die Geschäftsführung einem bzw. mehreren Kommanditisten zustehen[5] und die übrigen Gesellschafter, also auch die Komplementare, dessen bzw. deren Anordnungen unterworfen sein sollen. Dann hat der Kommanditist nicht nur die Stellung eines Prokuristen oder Bevollmächtigten, wie RG. XXXI, 39 und ROHG. XV, 7

---

[1] Vgl. oben S. 25.

[2] Der Begriff der „unredlichen Geschäftsführung“ geht über den des „Betrugs“ weit hinaus, insofern er die dem Betrugsbegriffe eigentümlichen Momente der Täuschung und Vorspiegelung nicht zur Voraussetzung hat. Bei beiden Begriffen ist eine absichtliche Benachteiligung der Gesellschaft erforderlich (vgl. Puchelt-Förtsch Art. 105 unter 6 S. 224).

[3] Vgl. Prot. S. 2428/2429 zu § 643 Entw. I BGB.; Goldmann Bd. II § 118 S. 527 Ziff. 15; Staub § 118 Anm. 5 S. 373.

[4] RG. Bd. XXXI S. 73.

[5] Bolze Bd. XI Nr. 467 S. 239.

wohl mit Rücksicht auf das frühere Recht[1] annahmen, sondern die eines geschäftsführenden Gesellschafters.[2] Abgesehen von einigen geringen Ausnahmen gelten dann für ihn dieselben Regeln wie für den von der Geschäftsführnng nicht ausgeschlossenen Komplementar. Die §§ 114 ff. HGB. finden auf ihn entsprechende Anwendung. Wir verweisen insoweit auf das in dem vorhergehenden Paragraphen Gesagte.

Als wichtige Ausnahme ist hervorzuheben, daß in der Übertragung der Geschäftsführungsbefugnis auf einen Kommanditisten nicht ohne weiteres der Ausschluß der übrigen Gesellschafter von der Geschäftsführung, wie ihn HGB. § 114 Abs. 2 vorsieht, zu erblicken ist.[3] Es liegt hierin vielmehr die Einräumung der Geschäftsführungsbefugnis an einen Kommanditisten neben den Komplementaren.[4] Sollen nun in einem solchen Falle die Komplementare von der Geschäftsführung ausgeschlossen sein, so muß dies ausdrücklich vereinbart sein oder wenigstens aus dem Inhalte des Gesellschaftsvertrages klar hervorgehen.[5]

Auch der geschäftsführende Kommanditist hat an sich, mangels besonderer Vereinbarung, keinen Anspruch auf Vergütung für seine Bemühungen im Interesse der Gesellschaft.

Er hat bei Besorgung der Gesellschaftsangelegenheiten, da seine Befugnis hierzu auf dem Gesellschaftsvertrage beruht, auch nur für culpa in concreto einzustehen[6] (BGB. § 708).

Insoweit, als dem Kommanditisten Geschäftsführungsbefugnis übertragen ist, erweitern sich auch seine Kontroll- und Informationsrechte. In dieser Übertragung liegt nämlich für den Um-

---

[1] Art. 167 Abs. 3 des bisherig. HGB.

[2] Staub § 164 Anm. 7 S. 514.

[3] Die Vorschrift des § 114 Abs. 2 HGB. bezieht sich auf den Fall, daß die Geschäftsführung einem schon an sich dazu berufenen Gesellschafter verabredungsgemäß übertragen wird.

[4] Vgl. Staub § 164 Anm. 7 S. 514; Lehmann-Ring § 164 Nr. 4 S. 350; a. M.: Goldmann Bd. II § 164 S. 711 Ziff. 5, der in solchem Falle die Komplementare von der Geschäftsführung ausgeschlossen wissen will.

[5] Daß sämtliche Komplementare von der Geschäftsführung ausgeschlossen werden können und diese lediglich den Kommanditisten übertragen werden kann, ist schon oben (S. 12) erwähnt worden. RG. Bd. XXXI S. 73.

[6] Vgl. oben S. 10 Anm. 2.

fang der ihm hierdurch verliehenen Befugnisse ohne weiteres auch die Erteilung derjenigen Kontrollrechte, die sich von ihnen nicht trennen lassen. Soweit der ihm übertragene Geschäftskreis reicht, ist er den Beschränkungen der Einsicht in das Geschäftsgetriebe, denen er sonst unterliegen würde, und die ihn bezüglich des ihm nicht unterstehenden Teiles der Geschäftsführung noch treffen, nicht mehr unterworfen. Ist ihm z. B. nur die technische Seite der Geschäftsführung zugewiesen, so hat er insoweit ein unbeschränktes Einsichtsrecht, während er bezüglich des kaufmännischen Geschäftsverkehrs den Beschränkungen des § 166 HGB. unterliegt. Steht ihm endlich die Geschäftsführung im vollen Umfange zu, so hat er jederzeit unbeschränkte Einsicht in den Geschäftsgang.

Wie der Komplementar gemäß § 161 Abs. 2 HGB. dem Konkurrenzverbote der §§ 112, 113 HGB. unterworfen ist, so muß dasselbe sinngemäß auch von dem geschäftsführenden Kommanditisten gelten[1]; denn dieser ist dann gleichfalls imstande, volle Einsicht in den Geschäftsgang der Gesellschaft zu nehmen und die ihm bekannten Verhältnisse zum Schaden der Gesellschaft auszunutzen. Handelt er nun den Bestimmungen der §§ 112, 113 HGB. zuwider, so steht der Gesellschaft drei Monate hindurch das Recht zu, entweder selbst in das abgeschlossene Geschäft als Kontrahent einzutreten oder den Schadensersatzanspruch gegen ihn geltend zu machen.[2] Außerdem kann ihm auf entsprechenden Antrag hin die Geschäftsführungsbefugnis entzogen werden, weil dann der erforderliche „wichtige Grund" gegeben ist.

Von der Entziehung der übertragenen Geschäftsführungsbefugnis gilt dasselbe, was oben beim Komplementar ausgeführt worden ist. Sie ist auch dann zulässig, wenn nur einem Kommanditisten, unter Ausschluß der Komplementare, die Geschäftsführungsbefugnis vertragsmäßig überlassen ist. Dann muß für die Fortführung der Geschäfte in anderer Weise gesorgt werden, entweder seitens der Gesellschaft durch Bestellung eines Pro-

---

[1] Lehmann-Ring § 165 Nr. 2 S. 351; Renaud § 50 S. 292; Wendt in Endemanns Handbuch Bd. I S. 451; Puchelt Art. 159 Anm. 1 S. 286; a. M.: Staub § 165 Anm. 2 S. 514; Behrend § 88 S. 630 Anm. 12; Goldmann Bd. II § 165 S. 713 Ziff. 9.

[2] Vgl. auch HGB. §§ 60, 61; 236.

kuristen oder auch seitens des Gerichts durch Bestellung eines Sequesters.

Nicht unbedingt nötig ist, daß die Geschäftsführungsbefugnis des Kommanditisten gerade auf dem Gesellschaftsvertrage beruht, sie kann auch auf andere Weise übertragen sein. So kann z. B. der Kommanditist außerhalb des Gesellschaftsvertrages den besonderen Auftrag[1] erhalten, für die Gesellschaft bestimmte Geschäfte oder auch bestimmte Arten von Geschäften vorzunehmen. Hier handelt er nicht als Gesellschafter, d. h. nicht auf Grund der ihm nach dem Gesellschaftsvertrage zustehenden Rechte und Pflichten, sondern er hat im Verhältnis zur Gesellschaft die Stellung eines Mandatars. Es finden dann auf ihn die Vorschriften des BGB. über den Auftrag entsprechende Anwendung (BGB. § 662 ff.).

Danach ist er zur unentgeltlichen Geschäftsbesorgung im Umfange des erteilten Auftrags verpflichtet. Die Gefahr des Auftrags liegt beim Auftraggeber. Hat demnach der Kommanditist den ihm erteilten Auftrag trotz pflichtgemäßen Bemühens nicht ausführen können, so treffen die Nachteile, die vergeblich aufgewendeten Kosten, nicht ihn, sondern die Gesellschaft (BGB. §§ 669/670). Sie haftet ihm also für die gemachten Auslagen und übernommenen Verbindlichkeiten, sofern er sie den Umständen nach für erforderlich halten durfte. Andererseits muß er aber bei Ausführung des Auftrags für culpa levis einstehen. Nur in einer einzigen Beziehung wird seine strenge Haftung gemildert: Wird ihm nämlich gestattet, die Geschäftsbesorgung einem Dritten zu überlassen, so hat er nur ein ihm bei der Übertragung zur Last fallendes Verschulden zu vertreten (culpa in eligendo, BGB. § 664). Ist der Dritte jedoch als bloßer Gehilfe des Beauftragten zur Geschäftsführung hinzugezogen, so tritt wieder die gewöhnliche strengere Haftung (BGB. § 278) ein. Der Auftrag kann sowohl seitens des Auftraggebers, wie seitens des beauftragten Komman-

[1] „Auftrag" ist der obligatorische Konsensualkontrakt, durch den sich der Beauftragte verpflichtet, für den Auftraggeber unentgeltlich Geschäfte vorzunehmen (BGB. § 662 ff.), während „Vollmacht" die einseitige, frei widerrufliche Willenserklärung ist, durch die eine bestimmte Person Dritten gegenüber als vertretungsberechtigt bezeichnet wird (BGB. § 164 ff.).

ditisten jederzeit nach freier Willkür widerrufen bzw. gekündigt werden (BGB. § 671 Abs. 1). Nur soll der Kommanditist von seinem Kündigungsrecht nicht zur Unzeit Gebrauch machen, er muß vielmehr der Gesellschaft Gelegenheit geben, in anderer Weise für die Erledigung des Geschäfts Fürsorge zu treffen, es sei denn, daß ein wichtiger Grund, z. B. erhebliche Krankheit, die unzeitige Kündigung rechtfertigt.[1] Verletzt der Kommanditist diese Vorschrift, so ist er der Gesellschaft schadensersatzpflichtig (BGB. § 671). Der Auftrag erlischt ferner im Zweifel durch den Tod des Beauftragten, dagegen nicht ohne weiteres durch den Eintritt der Geschäftsunfähigkeit des Auftraggebers.

Übernimmt endlich ein Kommanditist auf Grund eines Dienstvertrags, der eine Geschäftsbesorgung zum Gegenstande hat, einzelne Geschäftsführungshandlungen der Gesellschaft, so finden auf ihn die erwähnten Vorschriften über den Auftrag im allgemeinen entsprechende Anwendung (BGB. § 675). Doch hat hier der zur Leistung der versprochenen Geschäfte verpflichtete Kommanditist Anspruch auf die vereinbarte bzw. übliche Vergütung (BGB. §§ 611, 612). Ferner werden die Vorschriften der §§ 664 und 671 BGB. über den Auftrag durch die Bestimmungen der §§ 613, bzw. 615 BGB. über den Dienstvertrag ersetzt.

Zweiter Teil.

Die Vertretung der Kommanditgesellschaft.

§ 5.

Was gilt von ihr für den Komplementar?

Wie die Geschäftsführung, so liegt auch die Vertretungsmacht kraft gesetzlicher Bestimmung in den Händen des Komplementars,[2] er ist der „geborene“ Vertreter der Kommanditgesellschaft.[3] Auf ihn finden nach HGB. § 161 Abs. 2 die für

[1] BGB. § 671 Abs. 2.
[2] HGB. § 170.
[3] Er ist das „Organ“ der Gesellschaft. RG. Bd. II S. 32.

die Vertretung der offenen Handelsgesellschaft geltenden Vorschriften (HGB. §§ 125 ff.) entsprechende Anwendung.

Im allgemeinen gilt von der Vertretung dasselbe wie von der Geschäftsführung. Ein Hauptunterschied zwischen beiden liegt jedoch darin, daß, wie oben § 2 a. E. erwähnt, die die Geschäftsführung regelnden Gesetzesvorschriften durch freie Vereinbarung der Gesellschafter beliebig abgeändert werden können, da sie nur subsidiäre Geltung haben, während die Rechtssätze über die Vertretung absoluten Charakter tragen, der mit Wirkung nach außen durch Privatwillkür nicht beliebig abgeändert werden kann.[1] Der Grund hierfür liegt darin, daß es sich im letzteren Falle nicht mehr um bloße Privatinteressen, um innere Angelegenheiten der Gesellschafter handelt, daß vielmehr die Öffentlichkeit, das Publikum in Frage kommt. Dieses muß, wenn es mit der Gesellschaft in Berührung tritt, durch das Gesetz vor Willkür und Schaden geschützt werden. So nehmen die Bestimmungen über die Vertretung den Charakter von Schutzvorschriften an.

Wie oben (§ 2 a. E.) ausgeführt worden ist, erstreckt sich die Vertretungsmacht nach HGB. § 126 Abs. 1 auf alle gerichtlichen und außergerichtlichen Geschäfte und Rechtshandlungen und umfaßt, ohne daß es einer Spezialvollmacht bedürfte, den Grundstücksverkehr sowie die Erteilung und den Widerruf einer Prokura.

Zu den „gerichtlichen Geschäften und Rechtshandlungen" sind zu rechnen: Im Namen der Gesellschaft klagen und verklagt werden; Eide zu-, zurückschieben, annehmen; Geständnisse ablegen; Klageansprüche anerkennen; Vergleiche abschließen; Prozeßvollmachten erteilen, ferner bei Behörden der freiwilligen Gerichtsbarkeit, wie Grundbuchamt, Anträge stellen und Anmeldungen vornehmen. Unter die „außergerichtlichen Geschäfte und Rechtshandlungen" fallen alle sonstigen Handlungen, soweit sie von einem Kaufmann als solchem vorgenommen werden können, gleichgültig ob es ein- oder zweiseitige, empfangsbedürftige oder

[1] Im Verhältnis der Gesellschafter untereinander ist natürlich jede Beschränkung des Umfangs der Vertretungsmacht zulässig und der mit beschränkter Vertretungsmacht betraute Gesellschafter für jede Überschreitung der ihm gesteckten Grenzen verantwortlich. RG. Bd. XXX S. 21.

nichtempfangsbedürftige Willenserklärungen sind. Es gehören z. B. hierher Kündigungen, Aufnahme von Anleihen, Erlaß von Gesellschaftsforderungen, Ausstellung und Indossierung von Wechseln u. a. m.

Das Gesetz macht keinen Unterschied, ob die Geschäfte und Rechtshandlungen das konkrete Handelsgewerbe der Gesellschaft oder überhaupt ein Handelsgewerbe betreffen, ob sie im Interesse der Gesellschaft oder im Privatinteresse des Handelnden vorgenommen sind.[1] Die Vertretungsmacht erstreckt sich auch auf Schenkungen[2] namens der Gesellschaft. Ja, selbst für unerlaubte Handlungen des Komplementars haftet die Kommanditgesellschaft, sofern die Handlung „nach dem dem gesellschaftlichen Gewerbebetriebe gesetzten Zwecke und nach den für seine Erreichung betätigten Mitteln diesem Gewerbebetriebe angehört."[3] Zwar spricht das HGB. in § 126 nur von einer Vertretungsmacht zu „Geschäften und Rechtshandlungen", allein aus dem Wesen der Vertretungsmacht, die zu gutem wie zu schlechtem Gebrauche geeignet ist, ergibt sich, daß der Vertretene auch für den Mißbrauch der Vertretungsmacht durch den Vertreter, sofern dieser nur im Rahmen der ihm zustehenden Befugnisse gehandelt hat, aufkommen muß. So wird z. B. die Gesellschaft haftbar, wenn der Komplementar bei Ausübung seiner Vertretungsmacht fremde Urheber- oder Firmenrechte verletzt, fremden Kredit durch falsche Behauptungen schädigt[4] usw.

Die Vertretungsmacht umfaßt somit alle Geschäfte unter Lebenden. Sie ist gesetzlich unbeschränkt, mit einer einzigen Ausnahme: Wenn der Komplementar wissentlich der Kommanditgesellschaft einen Schaden beibringt in der Absicht, um sich oder einem Dritten auf Kosten der Gesellschaft einen rechtswidrigen Vorteil zu verschaffen, und wenn der Dritte unter offensichtlicher Kenntnis dieser Absicht beim Abschlusse des Geschäfts mit-

---

[1] ROHG. Bd. IX S. 430 ff.

[2] RG. Bd. XXVI S. 18.

[3] RG. Bd. XV S. 128.

[4] RG. Bd. XV S. 121 ff., Bd. XVII S. 93 ff., Bd. XX S. 190 ff., Bd. XXXII S. 35/36; vgl. auch Denkschrift S. 92 f.; BGB. § 31.

gewirkt hat, dann ist das Geschäft für die Gesellschaft ohne rechtliche Wirkung.[1]

Die Kommanditgesellschaft wird durch die Handlungen des Komplementars als ihres (gesetzlichen) Vertreters nur dann berechtigt und verpflichtet, wenn das Geschäft ausdrücklich im Namen der Gesellschaft geschlossen wird, oder wenn die Umstände klar ergeben, daß es nach dem Willen der Kontrahenten für die Gesellschaft geschlossen werden sollte.[2] Es ist also durchaus nicht erforderlich, daß bei Abschluß des Geschäfts ausdrücklich die Firma der Gesellschaft bezeichnet wird, sofern nur für den Gegenkontrahenten deutlich erkennbar ist, daß mit dem Willen des vertretungsberechtigten Gesellschafters die Kommanditgesellschaft habe berechtigt bzw. verpflichtet werden sollen.[3] Stellt es sich heraus, daß diese Willensübereinstimmung der Kontrahenten gefehlt hat, daß z. B. der Vertragsgegner der Meinung war, der Komplementar schließe das Geschäft im eigenen Namen ab, so ist nach BGB. § 164 Abs. 2 anzunehmen, daß der Komplementar auf eigene Rechnung abgeschlossen hat. Sein innerer Wille, für die Gesellschaft handeln zu wollen, kann dann nicht entscheidend sein; aus dem Geschäft wird nur er berechtigt bzw. verpflichtet.[4] Wird ein Geschäft von einem Komplementar unter Zeichnung der Gesellschaftsfirma geschlossen, so ist dies ein untrügliches Zeichen dafür, daß es ein Gesellschaftsgeschäft ist.[5] Im übrigen besteht aber keine gesetzliche Vermutung dafür, daß der Komplementar bei Abschluß von Geschäften als Vertreter der Gesellschaft handelt.[6]

Ist bei einer Kommanditgesellschaft nur ein Komplementar vorhanden, so ist dieser allein befugt, mit dritten Personen für die Gesellschaft in Verkehr zu treten, für sie Rechte zu erwerben und Verbindlichkeiten zu übernehmen, Gesellschaftsgrundstücke

---

[1] Staub § 126 Anm. 13 S. 408; ROHG. Bd. VIII S. 324 ff., Bd. IX S. 429 ff.; RG. Bd. IX S. 149; BGB. §§ 138, 826 u. 853.

[2] Denkschrift S. 92; BGB. § 164 Abs. 1.

[3] RG. Bd. XXVIII S. 120—121; ROHG. Bd. XVI S. 357.

[4] ROHG. Bd. XVI S. 356 ff., Bd. XXIII S. 57; RG. Bd. II S. 166.

[5] ROHG. Bd. XIII S. 287; RG. Bd. XXVIII S. 118.

[6] ROHG. Bd. XVIII S. 226.

zu veräußern und zu belasten, eine Prokura zu erteilen und zu widerrufen.[1] In dieser Tätigkeit kann er durch niemand rechtswirksam gehindert werden.

Bei Vorhandensein mehrerer Komplementare ist, analog der Vorschrift des § 125 HGB. über die offene Handelsgesellschaft, in der Regel jeder von ihnen im vollen Umfange zur Vertretung der Gesellschaft befugt.[2] Jeder kann die ihm zustehende Vertretungsmacht frei und selbständig ausüben und wird auch durch den Widerspruch der übrigen Komplementare daran nicht gehindert[3]; wenigstens hat ein solcher Widerspruch keinen Einfluß auf die Rechtsgültigkeit der Handlung nach außen hin, wenn auch der trotz des Widerspruchs handelnde Komplementar seinen Mitgesellschaftern gegenüber gegebenenfalls schadensersatzpflichtig ist.

Nun läßt aber das Gesetz selbst bestimmte Beschränkungen der Vertretungsmacht ausdrücklich zu. Eine der wichtigsten ist, wenn dies überhaupt als eine Beschränkung angesehen werden kann, die gesetzlich zulässige Anordnung einer Gesamtvertretung (HGB. § 125 Abs. 2). Es kann nämlich im Gesellschaftsvertrage bestimmt werden, daß alle oder mehrere Komplementare nur in Gemeinschaft zur Vertretung der Gesellschaft ermächtigt sein sollen.[4] Die Gesamtvertreter müssen dann derart zusammenwirken, daß eine von ihnen abgegebene Erklärung als eine von ihnen allen namens der Gesellschaft abgegebene zutage tritt.[5] Keiner der mit Vertretungsmacht ausgestatteten Komplementare darf in solchem Falle ohne die übrigen Gesamtvertreter nach außen hin handelnd auftreten, selbst nicht bei Gefahr im Verzuge.[6]

[1] Während im internen Verhältnisse der Gesellschaft zur Bestellung eines Prokuristen die Zustimmung sämtlicher Geschäftsführer erforderlich ist, ist zur Erteilung einer Prokura im Verhältnis zu dritten Personen, also auch zu dem zu bestellenden Prokuristen, jeder vertretungsberechtigte Komplementar ermächtigt.

[2] Vgl. auch oben bei der Geschäftsführung S. 11.

[3] Vgl. aber oben bei der Geschäftsführung S. 11.

[4] Als Anordnung einer Gesamtvertretung ist es anzusehen, wenn vertragsmäßig bestimmt ist, daß die Gesellschafter A und B „die Firmen kollektiv zu zeichnen haben“ (RG. Bd. XXIV S. 28).

[5] ROHG. Bd. XVI S. 35, Bd. XVII S. 402 ff., Bd. XII S. 34.

[6] Vgl. aber oben bei der Geschäftsführung S. 13.

Die erforderliche Zustimmung der anderen mitvertretungsberechtigten Gesellschafter kann gerichtlich weder erzwungen, noch ersetzt werden. Die betreffende Handlung muß eben unterbleiben[1], wenn die Zustimmung auch nur eines Gesamtvertreters fehlt. Nimmt der Komplementar sie dennoch vor, so finden die §§ 177 bis 180 BGB.[2] entsprechende Anwendung.[3]

Im Fall der Gesamtvertretung ist jeder einzelne der vertretungsberechtigten Komplementare legitimiert zur Entgegennahme von allen empfangsbedürftigen Willenserklärungen im Sinne von BGB. § 130[4], z. B. von Mahnungen, Kündigungen, Wandelungs- und Minderungserklärungen, Annahmeerklärungen auf Offerten u. a. m.

Ist nun Gesamtvertretung vertragsmäßig angeordnet worden, so können die Gesamtvertreter einzelne von ihnen zur Vornahme bestimmter Geschäfte oder bestimmter Arten von Geschäften, z. B. zur Ausstellung von Quittungen über den Empfang von Zahlungen oder Postsendungen[5] ermächtigen.[6] Hierin ist jedoch nicht die Erteilung einer Handlungsvollmacht[7] zu erblicken, sondern eine nach bürgerlichem Rechte zu beurteilende Vollmacht zur Vornahme bestimmter Geschäfte oder bestimmter Arten von Geschäften.[8] Es greifen also nicht die Vorschriften des HGB. über Handlungsvollmacht, sondern diejenigen des BGB. (§§ 164 ff.) über die Vollmacht ein.

Die Vertretung der Gesellschaft kann auch in der Weise geregelt sein, daß die einzelnen Komplementare nur in Gemeinschaft mit einem Prokuristen namens der Gesellschaft mit dritten Personen in Verkehr treten können (HGB. § 125 Abs. 3). Dann

---

[1] Es muß also hier z. B. auch der Widerruf einer Prokura durch sämtliche Gesamtvertreter erfolgen, selbst bei Gefahr im Verzuge.

[2] RG. Bd. VI S. 214.

[3] Darüber vgl. im einzelnen unten S. 53 ff.

[4] Staub § 125 Anm. 9 S. 403; vgl. auch Lehmann-Ring § 125 Nr. 13 S. 268.

[5] Denkschrift S. 91.

[6] Die Ermächtigung bedarf keiner besonderen Form, bloßes Dulden kann genügen. Staub § 125 Anm. 7 S. 402.

[7] So Staub § 125 Anm. 7 S. 402.

[8] Goldmann Bd. II § 125 S. 552 Ziff. 24.

wird die gemeinsame Vertretungsmacht nach Inhalt und Umfang durch die enger begrenzte Vollmacht des Prokuristen (HGB. § 49) bestimmt.[1] Es liegt hier jedoch in der Regel stillschweigend eine Erweiterung des Umfangs der Prokuristenvollmacht[2] vor. Der mitvertretungsberechtigte Prokurist ist in solchem Falle z. B. auch zur Veräußerung und Belastung von Grundstücken ermächtigt (HGB. § 49 Abs. 2).

Im Gesellschaftsvertrage kann aber nicht bestimmt werden, daß die Komplementare zusammen mit einem Handlungsbevollmächtigten zur Vertretung der Gesellschaft ermächtigt sein sollen, da die Handlungsvollmacht keinen gesetzlich fest bestimmten Inhalt hat und somit das Handelsregister über den Umfang der Vertretungsbefugnis keinen Aufschluß geben würde.[3] Wohl aber kann für den Fall, daß ein Gesamtvertreter zur Vornahme bestimmter Arten von Geschäften ermächtigt ist, angeordnet werden, daß dieser seine Befugnisse nur in Gemeinschaft mit einem Handlungsbevollmächtigten ausüben soll.[4]

Schließlich kann die Vertretungsmacht des Komplementars, analog der Vorschrift des § 50 Abs. 3 HGB., auf den Betrieb einer von mehreren Niederlassungen der Gesellschaft beschränkt werden. Voraussetzung hierfür ist jedoch, daß die Niederlassungen unter verschiedenen Firmen betrieben werden.[5]

Andere Beschränkungen des Umfangs der Vertretungsmacht als die soeben angeführten, nämlich die Gesamtvertretung mit ihren zwei Modifikationen und die Beschränkung auf eine von mehreren Niederlassungen, sind unzulässig und Dritten gegenüber[6]

---

[1] Denkschrift S. 92; RG. Bd. XL S. 17; Makower § 125 IVd S. 239.

[2] Staub § 125 Anm. 13 S. 404; Lehmann-Ring § 125 Nr. 11 S. 267.

[3] Denkschrift S. 92; Staub § 125 Anm. 11 S. 403; a. M.: Makower § 125 IVb S. 238.

[4] Goldmann Bd. II § 125 S. 552 Ziff. 26.

[5] Eine Verschiedenheit der Firmen wird auch dadurch begründet, daß für eine Zweigniederlassung der Firma ein Zusatz beigefügt wird, der sie als Firma der Zweigniederlassung bezeichnet. Vgl. HGB. § 50 Abs. 3 a. E.

[6] Als „Dritte" gelten auch die Gesellschafter selbst, sofern sie als Gegenkontrahenten der Gesellschaft in Betracht kommen. Vgl. Makower § 126 IIa S. 242; RG. Bd. VII S. 120, Bd. VI S. 11; ROHG. Bd. VI S. 140; a. M.: Staub § 126 Anm. 9 S. 407; ROHG Bd. II S. 41.

unwirksam, selbst wenn sie in das Handelsregister eingetragen und dem Vertragsgegner bei Abschluß des Geschäfts bekannt gewesen sind[1], es sei denn, daß Kollusion vorläge.[2] Übrigens muß jede Abweichung von der gesetzlichen Regel des § 125 Abs. 1 HGB., wonach jeder Komplementar für sich zur Vertretung der Gesellschaft im vollen Umfange berufen ist, sowie jede Änderung der Vertretungsmacht eines Komplementars von sämtlichen Gesellschaftern, Kommanditisten und Komplementaren, zur Eintragung in das Handelsregister angemeldet werden[3], um Wirkung gegen Dritte zu haben. Die Verpflichtung zur Mitwirkung bei der Anmeldung kann gegen jeden Gesellschafter auf Klage eines anderen Gesellschafters hin durch Urteil festgestellt werden.[4] Ist nun eine Änderung bzw. Abweichung in das Handelsregister eingetragen und veröffentlicht oder sonst allgemein bekannt gemacht worden, so muß der Dritte sie gegen sich gelten lassen, es sei denn, daß er die Tatsache weder kannte noch kennen mußte[5] (HGB. § 15 Abs. 2). War aber die eintragungspflichtige Tatsache noch nicht in das Handelsregister eingetragen und bekannt gemacht, so kann sie einem Dritten wirksam nur entgegengesetzt werden, wenn sie diesem bekannt[6] war (HGB. § 15 Abs. 1).[7]

Wenn nun auch der Komplementar, abgesehen von geringen, gesetzlich bestimmten Ausnahmen, in der Vertretungsmacht vertragsmäßig nicht beschränkt werden darf, so ist es doch möglich, daß er durch den Gesellschaftsvertrag von der Vertretung gänzlich ausgeschlossen ist (HGB. § 125 Abs. 1). Diese Ausschließung muß ausdrücklich erfolgen, d. h. sie muß in das Handelsregister eingetragen und bekannt gemacht werden.[8] Es genügt also nicht die positive Bestimmung, der oder jener Gesellschafter soll zur Vertretung der Kommanditgesellschaft ermächtigt sein[9]; es bedarf

---

1 ROHG. Bd. V S. 295.

2 Darüber vgl. oben S. 32ff.

3 Staub § 125 Anm. 21 und 22 S. 404.

4 Goldmann Bd. II § 108 Ziff. 3 S. 480.

5 Die Beweislast liegt auf seiten des Drittten.

6 „Kennen müssen“ genügt nicht.

7 Die Beweislast liegt auf seiten des zur Eintragung Verpflichteten.

8 HGB. § 15 findet entsprechende Anwendung.

9 Staub § 125 Anm. 2 S. 401; Busch' Arch. Bd. IX S. 453.

vielmehr noch des negativen Zusatzes: Die anderen Gesellschafter sollen zur Vertretung nicht befugt, also davon ausgeschlossen sein.

Verschiedener Meinung ist man darüber, ob sämtliche Komplementare von der Vertretung der Gesellschaft ausgeschlossen werden können. So ist z. B. Staub in seinem Kommentare[1] der Ansicht, daß der Ausschluß von der Vertretungsmacht sich nicht auf alle Komplementare beziehen könne; die Gesellschaft müsse wenigstens einen gesetzlichen Vertreter haben; ein gewählter Vertreter in Gestalt eines gemeinsamen Bevollmächtigten ersetze seine Stelle nicht.[2] Diese Auffassung teilt auch das Handelsgericht zu Köln in dem Beschlusse vom 25. April 1862[3], weil „mindestens ein firmierender Gesellschafter vorhanden sein müsse und die Gesellschaft durch einen Prokuristen nur unvollständig vertreten sei.“ Ist also nur ein vertretungsberechtigter Komplementar vorhanden, so ist nach der eben erwähnten Ansicht seine Ausschließung von der Vertretungsmacht unmöglich, es kann nur die Auflösung der Gesellschaft verlangt werden. Die herrschende und auch von uns vertretene Ansicht hält freilich den Ausschluß sämtlicher Komplementare von der Vertretungsbefugnis, ebenso wie von der Geschäftsführung, für zulässig.[4] Es würden dann nur alle Komplementare gemeinsam und durch einen von ihnen gemeinschaftlich bestellten Bevollmächtigten die Gesellschaft vertreten können.[5]

Es steht nichts im Wege, einem von der Vertretung aus-

---

[1] § 170 Anm. 1 S. 523 und § 125 Anm. 2 S. 401.

[2] So auch: Tuchatsch S. 159; Wächter, Hand.-R. II. Teil S. 5; vgl. auch Bacmeister in Zeitschr. f. ges. Hand.-R. Bd. LV 1904 S. 417 ff.

[3] Zentralorgan 1862 Nr. 12 S. 99 oder Busch' Arch. Bd. I S. 227, 401.

[4] Makower 12. Aufl. S. 239; Renaud S. 358; Behrend § 72 Anm. 11 S. 509; Puchelt Bd. I Art. 86 S. 161, Art. 167 S. 300; Lehmann-Ring Bd. I § 125 unter Nr. 1 Anm. 1 S. 264; Anschütz-von Völderndorff Art. 86 S. 87 ff.; Auerbach, Gesellschaftswesen 1861 S. 138 ff.; Goldmann Bd. II § 170 Ziff. 12 S. 730; OLG. Stuttgart v. 6. Febr. 1891 in Zeitschr. f. ges. Hand.-R. Bd. XLII S. 527.

[5] Gegebenenfalls würde man sich auch durch gerichtliche Bestellung eines Sequesters helfen können.

geschlossenen Komplementar Prokura oder Handlungsvollmacht zu erteilen.[1]

Der wichtigste Anwendungsfall der Vertretung dürfte wohl die gerichtliche Vertretung der Kommanditgesellschaft sein. Hierauf wollen wir etwas näher eingehen.

Wie die offene Handelsgesellschaft, so ist auch die Kommanditgesellschaft formell parteifähig; sie kann unter ihrer Firma als solcher vor Gericht klagen und verklagt werden (HGB. § 124 Abs. 1). „Sie wird durch diejenigen Personen im Prozeß vertreten, welche zur Vertretung der Gesellschaft durch Gesetz oder Gesellschaftsvertrag überhaupt berufen[2] sind." Es treten somit die Komplementare, soweit sie nicht von der Vertretung ausgeschlossen sind, für die Gesellschaft vor Gericht auf, ein Grundsatz, der natürlich die Vertretung der Gesellschaft durch einen Prokuristen in Rechtsstreitigkeiten, die der Betrieb irgendeines Handelsgewerbes mit sich bringt, nicht ausschließt. Ja, die gerichtliche Vertretung muß sogar hier durch den Prokuristen erfolgen, wenn sämtliche Komplementare von der Vertretung der Gesellschaft ausgeschlossen sind. So können Vorladungen und andere Zustellungen an die Kommanditgesellschaft mit Wirksamkeit gegen alle Gesellschafter an einen vertretungsberechtigten Komplementar erfolgen. Dieser kann auch selbständig namens der Gesellschaft Geständnisse ablegen, Klagansprüche anerkennen und gerichtliche Vergleiche abschließen. Gibt nun einer von mehreren vertretungsberechtigten Komplementaren ein Zugeständnis ab, während der andere diesen Punkt bestreitet, so gilt das erstere, weil im allgemeinen das Zugeständnis das früher erfolgte Bestreiten absorbiert und das nachträglich erfolgende unwirksam macht. Werden aber beide Erklärungen gleichzeitig abgegeben, so ist eine rechtserhebliche Erklärung überhaupt nicht zustande gekommen.[3]

---

[1] So: Goldmann Bd. II § 125 Ziff. 12 S. 550; Düringer-Hachenburg § 48 S. 176; Makower § 48 unter III S. 89; Lehmann-Ring § 48 Nr. 6 S. 132 und § 126 Nr. 8 S. 273; Behrend § 72 Anm. 27 S. 513; Renaud S. 282; a. M.: Staub § 125 Anm. 2 S. 401, § 170 Anm. 1 S. 523; Behrend in Zeitschr. f. ges. Hand.-R. Bd. XXVIII S. 430.

[2] RG. Bd. V S. 70.

[3] Staub § 124 Anm. 10 S. 397 und § 126 Anm. 3 S. 406; Bolze Bd. IX Nr. 471 S. 213; vgl. aber auch Goldmann Bd. II § 126 Ziff. 7 S. 556.

Es herrschte früher Streit darüber, ob Eide, welche die Gesellschaft angehen, von allen Gesellschaftern oder nur von den (vertretungsberechtigten) Komplementaren zu leisten sind. So sagt z. B. GIERKE[1]: „In jedem Gesellschaftsprozesse muß auf die Gesamtheit aller Gesellschafter zurückgegangen werden, wenn eine einzelne Parteihandlung verlangt wird, welche außerhalb des Bereichs gesellschaftlicher Repräsentation liegt. Dies ist insbesondere bei der Eidesleistung der Fall.“[2]

Die jetzt herrschende Auffassung, der wir uns anschließen, geht dahin, daß die Eide in den Gesellschaftsprozessen nur von den vertretungsberechtigten Komplementaren zu- und zurückgeschoben, angenommen und geleistet werden können.[3] Dieser Ansicht ist z. B. COSACK[4], wenn er sagt: „Parteieide sind nicht von allen, sondern nur von den firmierenden Gesellschaftern zu leisten; denn wer von der Gesellschaftsvertretung ausgeschlossen ist, kann über das Gesellschaftsvermögen nicht verfügen, kann also auch Parteieide, die das Gesellschaftsvermögen betreffen, nicht leisten, sondern ist analog einer nicht prozeßfähigen Partei, etwa analog einem Verschwender, zu behandeln.“[5] Ebenso haben sich die Gerichte auf diesen Standpunkt gestellt: „Nur der Komplementar erscheint in Rechtsstreitigkeiten der Kommanditgesellschaft als Prozeßpartei, das dominium litis fällt ihm zu, und er ist es deshalb auch, von dem die der Partei obliegenden Eide zu leisten sind.“[6] Wie sollte auch ein Gesellschafter, der von der Vertretung der Gesellschaft ausgeschlossen und für gewöhnlich in den Geschäftsgang nicht eingeweiht ist, etwas anderes als Überzeugungseide schwören können, da doch der Wahrheitseid auf seiner Seite nach ZPO. § 459 meist unzulässig sein wird! Ein der Gesellschaft zugeschobener Eid gilt somit als den

[1] Die Genossenschaftstheorie und die deutsche Rechtsprechung 1887 S. 598.

[2] So auch: THÖL, Handelsrecht 5. Aufl. 1875 § 96 S. 321; WACH Bd. I § 46 S. 531.

[3] ZPO. §§ 473, 474, 477.

[4] Lehrbuch des Hand.-R. 3. Aufl. § 84 S. 564.

[5] So auch: TUCHATSCH S. 159 ff.; PUCHELT Bd. I Art. 167 S. 300; RENAUD S. 380.

[6] ROHG. Bd. XV S. 6 ff.; vgl. auch ROHG. Bd. XXXI S. 344; RG. Bd. XIV S. 20.

Komplementaren zugeschoben und ist von diesen zu leisten bzw. zu verweigern, sofern sie zur Zeit der Eidesleistung von der Vertretung der Gesellschaft nicht ausgeschlossen sind.[1] Ihnen ist auch der richterliche Eid aufzuerlegen; sie haben, wenn die Kommanditgesellschaft erfolglos ausgepfändet worden ist, den Offenbarungseid zu leisten, eventuell die Haft zur Erzwingung des Offenbarungseides zu gewärtigen.

Es mag nicht unerwähnt bleiben, daß in Gesellschaftsprozessen kein Gesellschafter, weder Komplementar noch Kommanditist, als Zeuge vernommen werden darf[2], wohl aber kann jeder einzelne Gesellschafter als Nebenintervenient auftreten.[3]

Wie die Geschäftsführung (HGB. § 117), so kann auch die Vertretung, und zwar nur im ganzen, dem Komplementar wider dessen Willen auf Antrag der übrigen Gesellschafter durch gerichtliche Entscheidung — Urteil oder einstweilige Verfügung[4] — entzogen werden, wenn ein wichtiger[5] Grund vorliegt (HGB. § 127). Es macht hierbei keinen Unterschied, ob Einzel- oder Gesamtvertretung[6] vorliegt.[7]

Wird einem Gesamtvertreter nach HGB. § 127 die Vertretungsmacht entzogen, so erlischt nicht etwa die Vertretungsmacht der übrigen Gesamtvertreter[8], sondern es tritt nunmehr die gesetzliche Regel des § 125 Abs. 1 HGB. ein, wonach jeder von ihnen zur Vertretung selbständig ermächtigt[9] ist.

---

[1] Denkschrift S. 92 ff.

[2] So auch: Wach § 46 S. 530; J.-W. 1895 S. 41/42; RG. Bd. XVII S. 365 ff.; Bd. XXXII S. 399, Bd. XXXV S. 389 ff; Bd. XLV S. 342; a. M.: Makower § 124 IIc S. 229.

[3] Staub § 124 Anm. 9 S. 396; RG. Bd. V S. 71, Bd. XXXIV S. 363.

[4] Denkschrift S. 30.

[5] Vgl. auch bei der Geschäftsführung oben S. 15.

[6] Denkschrift S. 93.

[7] HGB. § 127 bezieht sich nicht auf die Ermächtigung zur Vornahme bestimmter Geschäfte oder bestimmter Arten von Geschäften (HGB. § 125 Abs. 2). Diese ist vielmehr nach den Bestimmungen des BGB. über die Vollmacht (§ 164 ff.) widerruflich. Vgl. Staub § 127 Anm. 1 S. 410.

[8] So: Staub § 127 Anm. 5 S. 411; Lehmann-Ring § 127 Nr. 2 S. 273—74; Makower § 127 VI S. 243; Cosack 4. Aufl. 1898 § 107 IV S. 542.

[9] Goldmann Bd. II § 127 Ziff. 10 S. 562. Vgl. auch oben bei Gesamtgeschäftsführung S. 16.

Das frühere Recht[1] kannte die Entziehung der Vertretungsmacht noch nicht, man mußte sich vielmehr gegen mißbräuchliche Ausübung der Vertretungsmacht durch vollständige Ausschließung des Gesellschafters aus der Gesellschaft oder durch Auflösung der letzteren schützen.

Während nach BGB. § 715 die Vertretungsmacht, wenn sie in Verbindung mit der Geschäftsführungsbefugnis erteilt ist, nur mit dieser entzogen werden kann[2], besteht bei der Kommanditgesellschaft keine notwendige Verbindung zwischen Geschäftsführungsbefugnis und Vertretungsmacht. Es kann einem mit Geschäftsführung und Vertretung ausgestatteten Komplementar erstere nach HGB. § 117 entzogen werden, ohne daß ihm gleichzeitig die Vertretungsmacht genommen wird.

Durch die Entziehung der Vertretungsmacht verliert der Komplementar Recht und Pflicht, namens der Gesellschaft mit dritten Personen in Verkehr zu treten. Die Entziehung der Vertretungsmacht ist, damit sie Dritten gegenüber rechtswirksam entgegengesetzt werden kann, von sämtlichen übrigen Gesellschaftern zur Eintragung in das Handelsregister anzumelden.[3]

Wenn auch der Komplementar, wie oben (S. 17) ausgeführt worden ist, die ihm zustehende Geschäftsführung gemäß HGB. §§ 161 Abs. 2 und BGB. § 712 Abs. 2 bei Vorliegen eines wichtigen Grundes kündigen kann, so gilt das gleiche doch nicht ohne weiteres für die Vertretungsmacht. „Es muß unterschieden werden: War nach dem Inhalt des Gesellschaftsvertrages die Vertretungsmacht lediglich ein Korrelat der Geschäftsführungsbefugnis, so kann sie der Komplementar nur zugleich mit der Geschäftsführung niederlegen, und zwar ebenfalls nach HGB. § 161 Abs. 2 und BGB. § 712 Abs. 2. Stellte sie sich aber bloß als ein Recht des betreffenden Komplementars dar, so kann dieser sie jederzeit niederlegen. War sie endlich zugleich seine besondere Pflicht, hatten z. B. die anderen Gesellschafter ein

---

[1] Art. 101 des bisherig. HGB. galt nur für die Geschäftsführung.
[2] Denkschrift S. 93.
[3] Vgl. HGB. §§ 125 Abs. 4, 16, 15.

Interesse daran, daß er für die Gesellschaft nach außen hin auftrat, so kann er sie weder willkürlich, noch mit der Geschäftsführung niederlegen.[1]

§ 6.
Was gilt von ihr für den Kommanditisten?

Wie im vorhergehenden Paragraphen dargelegt worden ist, ist der Kommanditist kraft Gesetzes von der Vertretung der Gesellschaft ausgeschlossen. Die Vertretungsmacht kann ihm durch Vertrag auch nicht in dem Sinne übertragen werden, daß er die Stellung von vertretenden Gesellschaftern nach außen hin einnehmen soll. Es ist jedoch möglich, daß einem oder mehreren Kommanditisten seitens der Gesellschaft Handlungsvollmacht im weiteren Sinne[2] übertragen wird.[3] Es kann also ein Kommanditist zum Prokuristen oder Handlungsbevollmächtigten der Gesellschaft bestellt[4] werden und dann in dieser seiner Eigenschaft für die Gesellschaft mit dritten Personen in Verkehr treten.

A) In erster Linie wollen wir die Stellung eines Kommanditisten betrachten, dem seitens der Gesellschaft Prokura erteilt worden ist.[5] Es finden auf ihn die Vorschriften des HGB. über

---

[1] STAUB § 127 Anm. 8 S. 412; vgl. auch GOLDMANN Bd. II § 127 Ziff. 15 S. 563.

[2] „Handlungsvollmacht im weiteren Sinne" ist eine Vollmacht, die auf den Abschluß einer unbestimmten Reihe von Geschäften gerichtet ist, sofern diese Geschäfte zu einem Handelsgewerbe gehören.

[3] ROHG. Bd. VII S. 33; RG. Bd. XXXI S. 39.

[4] Die französische Gesetzgebung (code de commerce Art. 27—28) untersagt dem Kommanditisten bei Verlust seiner beschränkten Haftung jegliche Besorgung von Gesellschaftsangelegenheiten, selbst in der Eigenschaft eines bloßen Bevollmächtigten. Diesen Standpunkt nimmt auch das italienische HGB. (Art. 122) und nahm der preußische Entwurf (Art. 149) ein.

[5] Ein Kommanditist kann auf Grund der verschiedensten Rechtsverhältnisse die Prokura übernommen haben. Sein inneres Verhältnis zur Gesellschaft kann ein rein kaufmännisches sein, d. h. er hat seinen Mitgesellschaftern gegenüber die Stellung eines Handlungsgehilfen; es kann ferner auf einem Dienstvertrage oder Auftrage beruhen. Im letzteren Falle greifen dann bez. des internen Verhältnisses die Vorschriften des BGB. §§ 611 ff. bzw. 662 ff. ein. Insbesondere bestimmt sich danach mangels besonderer Vereinbarung die eventuelle Vergütung für die Mühewaltung des Prokuristen.

die Prokura (§§ 48 ff.) entsprechende Anwendung. Er hat dann eben die Rechte und Pflichten eines Prokuristen, nicht etwa die weitergehenden eines vertretungsberechtigten Komplementars. Er ist der Bevollmächtigte[1] der Gesellschaft mit gesetzlich bestimmter, unbeschränkter Vollmacht, kraft deren er nach außen hin befugt ist, im Namen der Gesellschaft und auf ihre Rechnung das Handelsgeschäft zu betreiben und die Firma per procura zu zeichnen. Zu seiner Bestellung ist, soweit das innere Verhältnis der Gesellschaft in Betracht kommt, die Zustimmung sämtlicher geschäftsführender Gesellschafter erforderlich, es sei denn, daß Gefahr im Verzuge ist. Die Erteilung der Prokura geschieht durch die einseitige, ausdrückliche, an keine bestimmte Form gebundene Ermächtigung seitens der Gesellschaft bzw. der Komplementare als ihrer gesetzlichen Vertreter, daß der Kommanditist als Prokurist fungieren solle. Sie ist beim zuständigen Amtsgerichte[2] zur Eintragung in das Handelsregister anzumelden (HGB. § 53 Abs. 1). Die Eintragung[3] hat nur deklaratorische Wirkung.

Die Vertretungsmacht des mit Prokura ausgestatteten Kommanditisten ist nach Art und Umfang vom Gesetz unabänderlich festgelegt. Danach ist der Kommanditist dritten Personen gegenüber zu allen Arten von gerichtlichen und außergerichtlichen Geschäften und Rechtshandlungen[4] ermächtigt, die der Betrieb irgendeines Handelsgewerbes mit sich bringt (HGB. § 49 Abs. 1).[5] Er darf also nicht nur solche Geschäfte gewöhnlicher wie ungewöhnlicher Art vornehmen, die gerade zum Betriebe des konkreten Handelsgeschäfts der Gesellschaft gehören, sondern alle Geschäfte

---

[1] Er ist nicht etwa, wie der Komplementar, gesetzlicher, d. h. gesetzlich notwendiger Vertreter der Gesellschaft.

[2] GFG. § 125 ff.

[3] Bezüglich der Wirkung dieser Eintragung Dritten gegenüber gilt HGB. § 15.

[4] Vgl. oben S. 31 ff.

[5] Die Vertretungsmacht des Komplementars erstreckt sich, wie im vorhergehenden Paragraphen ausgeführt worden ist, auf alle gerichtlichen und außergerichtlichen Geschäfte und Rechtshandlungen, ohne Rücksicht darauf, ob der Betrieb eines Handelsgewerbes sie mit sich bringt oder nicht (HGB. § 126 Abs. 1).

und Rechtshandlungen, die im Betriebe irgendeines Handelsgewerbes[1] überhaupt vorkommen können.[2] Ist er also z. B. Prokurist einer Kommanditgesellschaft, die Tuchgeschäfte betreibt, so ist er befugt, mit Wirkung für und gegen die Gesellschaft auch Tabak- oder Getreidegeschäfte gewöhnlicher wie ungewöhnlicher Art abzuschließen. Zu Schenkungen namens der Gesellschaft ist er nur insoweit berechtigt, als sie durch den Geschäftsbetrieb geboten sind, z. B. darf er die herkömmlichen Weihnachtsgeschenke an das Personal verteilen. Kurz, der Prokurist ist, wie THÖL in seinem Handelsrecht treffend bemerkt, ein alter ego des Geschäftsherrn.

Das Gesetz legt aber der Prokuristenvollmacht einige positive Beschränkungen auf Nach HGB. § 49 Abs. 2 ist nämlich der Prokurist zur Veräußerung und Belastung von Grundstücken bzw. zu den auf Verkauf und Belastung gerichteten Verpflichtungsgeschäften, nur ermächtigt, wenn ihm diese Befugnis besonders erteilt ist. Mangels solcher Spezialvollmacht ist also der mit Prokura ausgestattete Kommanditist nicht befugt, die der Gesellschaft gehörigen Grundstücke zu verkaufen und aufzulassen, Hypotheken daran zu bestellen u. a. m., vielmehr darf er nur für die Gesellschaft Grundstücke ankaufen, verpachten und vermieten.[3] Außerdem darf nach HGB. § 52 Abs. 2 der Kommanditist die ihm übertragene Prokura nicht weiter übertragen. Wohl aber steht ihm nichts im Wege, namens der Gesellschaft einen Handlungsbevollmächtigten zu ernennen.

Sind nun mehrere Kommanditisten zu Prokuristen der Gesellschaft bestellt worden, so ist, ebenso wie bei Vorhandensein mehrerer vertretungsberechtigter Komplementare[4], mangels besonderer Vereinbarung jeder von ihnen befugt, die ihm erteilte

[1] ROHG. Bd. XIII S. 224.

[2] Geschäfte und Rechtshandlungen, die überhaupt nicht als zum Betriebe irgendeines Handelsgewerbes gehörig anzusehen sind, sind z. B. Veräußerung des ganzen Geschäfts oder Löschung der Firma, denn dies bedeutet nicht den Betrieb, sondern die Aufhebung des Handlungsgewerbes. ROHG. Bd. XXIII S. 28; RG. Bd. XXVI S. 18; STAUB § 49 Anm. 1 S. 208.

[3] „Verpachtung" und „Vermietung" bedeutet keine Belastung des Grundstücks, sondern gibt lediglich der Gesellschaft ein Forderungsrecht.

[4] Vgl. oben S. 34.

Prokura in dem durch das Gesetz normierten Umfange frei und selbständig auszuüben.

Der in der angegebenen Weise gesetzlich normierte Umfang der Prokura kann, ähnlich wie bei der Vertretungsmacht der Komplementare, nur in zweifacher Weise beschränkt werden. Einmal ist nämlich nach HGB. § 48 Abs. 2 die Anordnung einer Gesamtprokura möglich, sofern dies überhaupt als eine Beschränkung der Prokura zu betrachten ist. In solchem Falle dürfen die mehreren mit Prokura versehenen Kommanditisten nur gemeinsam handeln, selbst bei Gefahr im Verzuge.[1] Es muß hier die Prokura als den mehreren Kommanditisten gemeinschaftlich erteilt bezeichnet sein und in dieser Weise zur Eintragung angemeldet werden. Nimmt nun ein Kommanditist ohne die erforderliche Zustimmung der übrigen mit Gesamtprokura ausgestatteten Gesellschafter ein Geschäft vor, so greifen die Vorschriften der §§ 177—180 BGB. ein.[2] Es ist ferner möglich, daß die Prokura auf den Betrieb einer von mehreren Niederlassungen der Kommanditgesellschaft beschränkt wird, wenn diese unter verschiedenen Firmen betrieben werden (HGB. § 50 Abs. 3).[3]

Diese beiden Beschränkungen der Prokura sind Dritten gegenüber nur wirksam, wenn sie in das Handelsregister eingetragen und bekannt gemacht sind.[4] Andere Beschränkungen des Umfangs der Prokura, insbesondere diejenige, daß die Prokura nur für gewisse Geschäfte oder gewisse Arten von Geschäften oder nur unter gewissen Umständen oder nur für eine gewisse Zeit oder an einzelnen Orten ausgeübt werden soll (HGB. § 50 Abs. 2), sind Dritten gegenüber unwirksam, selbst wenn sie ins Handelsregister eingetragen und bekannt gemacht sind, es sei denn, daß Kollusion[5] vorläge.[6] Tatsächlich wird der Kommanditist in den meisten Fällen vertragsmäßig verpflichtet sein, von der an sich

[1] Vgl. oben S. 34.

[2] Vgl. oben S. 35.

[3] Über die Frage, wann eine solche Verschiedenheit der Firmen vorliegt vgl. § 50 Abs. 3 HGB.

[4] Vgl. oben S. 37.

[5] Vgl. oben S. 32 ff.

[6] ROHG. Bd. VI S. 167 ff.; RG. Bd. IX S. 148 ff.

unbeschränkten Prokuristenvollmacht einen beschränkten Gebrauch zu machen. Handelt er den ihm auferlegten Beschränkungen zuwider, so ist er der Gesellschaft gegenüber schadensersatzpflichtig, dritten Personen gegenüber aber ist das Geschäft rechtlich wirksam und gültig vorgenommen, und die Gesellschaft wird aus ihm berechtigt bzw. verpflichtet. Andererseits kann aber die Prokura durch rechtsgeschäftlich erteilte Spezialvollmacht auf den gesamten Grundstücksverkehr ausgedehnt werden. Ja, sie kann durch eine Spezialvollmacht derart erweitert werden, daß sie der Vertretungsmacht des Komplementars an Umfang[1] ziemlich gleichkommt. Immer aber ist auch hier der Kommanditist verpflichtet, die Firma per procura zu zeichnen, und unterscheidet sich dadurch von einem vertretungsberechtigten Komplementar.

Der Kommanditist berechtigt und verpflichtet die Gesellschaft durch Rechtshandlungen, die er erkennbar in ihrem Namen vornimmt. Es genügt auch schon, daß die Umstände offenkundig ergeben, daß er namens der Gesellschaft nach außen hin auftritt (BGB. § 164 Abs. 1). Bei Vornahme der ihm obliegenden Geschäfte haftet er für jegliche Sorgfalt, sofern seine Bestellung zum Prokuristen auf selbständigem Engagementsvertrage beruht. Ist dagegen die Erteilung der Prokura zu einem besonderen Bestandteile des Gesellschaftsvertrages erhoben, so haftet er nur für culpa in concreto, da hier auf seine Eigenschaft als Teilhaber der Gesellschaft zurückgegriffen wird und die Gesellschafter, wie erwähnt[2], nur für diligentia quam suis rebus einzustehen haben.

Die Prokura endigt durch den Tod des Prokuristen, durch Erlöschen des Handelsgewerbes und durch einfachen Widerruf. Letzterer kann durch jeden vertretungsberechtigten Komplementar jederzeit[3] frei erfolgen.[4] Soll jedoch das Erlöschen der Prokura Dritten gegegenüber rechtliche Wirkung haben, so muß dies in

---

[1] Soweit eine Vertretung der Gesellschaft durch andere als die gesetzlichen Vertreter unzulässig ist, z. B. Erteilung einer Prokura u. a. m., kann auch der Prokurist trotz seiner erweiterten Vollmacht die Gesellschaft nicht vertreten. LEHMANN-RING § 170 Nr. 2 S. 357.

[2] Vgl. oben S. 10.

[3] BGB. § 168 ist hier nicht etwa analog anzuwenden.

[4] Vgl. aber oben bei der Vertretungsmacht S. 41.

das Handelsregister eingetragen und öffentlich bekannt gemacht sein.[1]

Es ist wohl am Platze, hier noch einmal kurz zusammenfassend die Unterschiede hervorzuheben, die zwischen einem vertretungsberechtigten Komplementar und einem mit Prokura versehenen Kommanditisten bestehen:

Der Komplementar ist zu allen gerichtlichen und außergerichtlichen Geschäften und Rechtshandlungen unter Lebenden ermächtigt (HGB. § 126 Abs. 1), der Kommanditist nur zu solchen, die der Betrieb irgendeines Handelsgewerbes mit sich bringt (HGB. § 49 Abs. 1), auch ist er als solcher von der Veräußerung und Belastung von Grundstücken ausgeschlossen (HGB. § 49 Abs. 2). Der Komplementar kann Prokura erteilen und widerrufen, der Kommanditist ist hierzu nicht befugt.

Der Komplementar haftet bei Vornahme der ihm obliegenden Geschäfte nur für culpa in concreto, der Kommanditist im allgemeinen für culpa levis.

Die Vertretungsmacht steht dem Komplementar als Mitinhaber des gemeinschaftlichen Unternehmens kraft Gesetzes zu — der Komplementar ist gesetzlicher, d. h. gesetzlich notwendiger Vertreter der Gesellschaft —, die Prokura beruht auf einer abgeleiteten, dem Kommanditisten seitens der Gesellschaft durch Rechtsgeschäft erteilten Vollmacht — der Kommanditist ist nur Bevollmächtigter der Gesellschaft und schließt die Verfügungsgewalt des Vollmachtgebers, d. h. der Gesellschaft, bzw. ihrer gesetzlichen Vertreter, nicht aus.[2]

Schließlich kann die Vertretungsmacht des Komplementars nur auf Antrag der übrigen Gesellschafter bei Vorliegen eines wichtigen Grundes durch gerichtliche Entscheidung entzogen

[1] HGB. § 15 findet entsprechende Anwendung.

[2] Vgl. Makower § 125 S. 234: Die Person „in der Stellung eines gesetzlichen Vertreters", d. h. der vertretungsberechtigte Gesellschafter unterscheidet sich von dem Bevollmächtigten dadurch, daß bei ersterem — ebenso wie in den gewöhnlichen Fällen gesetzlicher Vertretung — der Vertretene nicht selbständig nach außen auftreten könnte, mithin für die tatsächliche Benutzung seiner Rechtsfähigkeit eines Vertreters bedarf, während im zweiten Falle der Vollmachtgeber auch selbständig neben dem Bevollmächtigten handelnd auftreten kann.

werden (HGB. § 127), während die Prokura des Kommanditisten durch jeden vertretungsberechtigten Komplementar jederzeit frei widerruflich ist.

Es soll hier noch der wichtigen Bestimmung des Art. 167 Abs. 3 des bisherigen HGB. gedacht werden, welche sich auf den Kommanditisten bezog, insofern er als Bevollmächtigter der Gesellschaft nach außen hin handelnd auftrat.

Artikel 167 Absatz 3 lautete nämlich: „Ein Kommanditist, welcher für die Gesellschaft Geschäfte schließt, ohne ausdrücklich zu erklären, daß er nur als Prokurist oder als Bevollmächtigter handle, ist aus diesen Geschäften gleich einem persönlich haftenden Gesellschafter verpflichtet.“ Voraussetzung war also, daß der Kommanditist für die Gesellschaft, nicht im eignen Namen handelte, ferner daß er die entsprechende Vollmacht besaß. Trafen diese beiden Bedingungen bei ihm zu und erklärte er dann dem Dritten bei Vertragsschluß nicht ausdrücklich[1], daß er nur als Prokurist oder Bevollmächtigter der Gesellschaft handle, so haftete er aus diesem Geschäfte unbeschränkt, gleichgültig, ob dem Dritten der wahre Sachverhalt bekannt war oder nicht[2], denn „die unbeschränkte Haftung trat nicht deshalb ein, weil der Kommanditist seine Stellung als Bevollmächtigter und seine beschränkte Haftung im allgemeinen nicht genügend und vorschriftsmäßig bekannt gemacht hatte, sondern weil nach Ansicht des Gesetzgebers sein Auftreten als Vertreter der Gesellschaft verbunden mit seiner Beteiligung am gemeinschaftlichen Gewerbebetriebe im einzelnen Falle zur Annahme führen mußte, daß er als offener Teilhaber hafte.“[3] Wollte eben der Kommanditist seiner beschränkten Haftung nicht verlustig gehen, so mußte er bei Abschluß eines jeden Geschäftes dem Gegenkontrahenten ausdrücklich erklären, daß er nur als Prokurist oder sonstiger Bevollmächtigter für die Gesellschaft auftrete. Eine Form für die Erklärung,

[1] Weder allgemeine Kundgebungen, wie Rundschreiben oder Bekanntmachung in öffentlichen Blättern, noch auch der Umstand, daß die Prokura des Kommanditisten eingetragen und bekannt gemacht war, schlossen die persönliche Haftung des Kommanditisten mit seinem ganzen Vermögen aus. Vgl. v. Hahn Art. 167 § 3 S. 582; RG. Bd. VII S. 107.

[2] Puchelt Bd. I, Art. 167 S. 300 ff.

[3] Goldschmidts Zeitschr. f. ges. Hand.-R. Bd. XXXIV S. 381.

welcher Art seine Vollmacht sei, war nicht vorgeschrieben. Es genügte schon, wenn diese aus den begleitenden Umständen unzweideutig zu erkennen war. Diese zum Schutze des Publikums gegebene Vorschrift des Art. 167. Abs. 3 ist im neuen HGB. als entbehrlich gestrichen worden.[1]

B) Wie dem Kommanditisten seitens der Gesellschaft Prokura übertragen werden kann, so ist es auch möglich, daß er von ihr zum Handlungsbevollmächtigten (im engeren Sinne) bestellt wird; dann finden auf ihn die Vorschriften des HGB. §§ 54 ff. und des BGB. §§ 164 ff. entsprechende Anwendung. Er ist in solchem Falle Bevollmächtigter der Kommanditgesellschaft mit rechtsgeschäftlicher (gewillkürter) Vollmacht zur Vornahme von Handelsgeschäften. Diese Handlungsvollmacht im engeren Sinne hat keinen gesetzlich festgelegten Umfang, wie die Prokura, sondern sie erstreckt sich, je nach dem Willen der bevollmächtigenden Gesellschaft, auf den Betrieb des ganzen Handelsgewerbes (sog. Generalhandlungsvollmacht) oder auf die Vornahme einer gewissen Art von Handelsgeschäften (sog. Arthandlungsvollmacht), oder schließlich auf die Vornahme einzelner Handelsgeschäfte (sog. Spezialhandlungsvollmacht).

Ist nun einem Kommanditisten seitens der Gesellschaft Generalhandlungsvollmacht übertragen worden, so ist er nach HGB. § 54 befugt, alle Geschäfte und Rechtshandlungen vorzunehmen, die der Betrieb eines „derartigen" Handelsgewerbes, d. h. des konkreten Handelsgewerbes, für das er gerade angestellt ist, „gewöhnlich" mit sich bringt.[2] Ist er also in einem Kaffeegeschäfte angestellt, so darf er nur in die Kaffeebranche fallende Geschäfte vornehmen. Was nun in einem solchen Betriebe als „gewöhnlich oder herkömmlich" anzusehen ist, bestimmt sich im Einzelfalle nach dem im Verkehre Üblichen. Ist demnach der Kommanditist in einem kleinen Zigarrengeschäfte angestellt, das seine Waren von den Fabrikanten nur in mäßigen Posten zu

---

[1] Die Denkschrift zum HGB. (S. 117) begründet dies mit den Worten: „Um einer Verdunkelung der Verhältnisse der Gesellschaft vorzubeugen, sei eine solche Vorschrift nicht erforderlich."

[2] Die Handlungsvollmacht im engeren Sinne ist also bedeutend enger begrenzt als die Prokura.

beziehen pflegt, so ist er nicht berechtigt, ohne Grund einen ungewöhnlich großen Posten Zigarren für das Geschäft zu bestellen. Ja, das Gesetz schränkt den Umfang der Generalhandlungsvollmacht noch weiter ein, denn HGB. § 54 Abs. 2 bestimmt: „Zur Veräußerung und Belastung von Grundstücken, zur Eingehung von Wechselverbindlichkeiten [1], zur Aufnahme von Darlehen und zur Prozeßführung namens der Gesellschaft ist der Handlungsbevollmächtigte nur ermächtigt, wenn ihm eine solche Befugnis besonders erteilt ist." Will also der Kommanditist z. B. namens der Gesellschaft deren Immobilien verkaufen oder verpfänden, Wechsel akzeptieren, indossieren oder wechselmäßige Bürgschaft übernehmen, so bedarf er hierzu seitens der Gesellschaft einer besonderen Vollmacht, die ihm ausdrücklich oder stillschweigend, generell oder speziell erteilt werden kann.[2] Die dem Kommanditisten übertragene Generalhandlungsvollmacht kann ihrem Umfange nach durch rechtsgeschäftlich erteilte Vollmacht seitens der Gesellschaft in dem Maße ausgedehnt werden, daß sie der Prokura und schließlich der Vertretungsmacht des Komplementars nahe kommt. Immer aber bleibt hier der Kommanditist Handlungsbevollmächtigter der Gesellschaft, und es finden auf ihn die allgemeinen Vorschriften des BGB. über die Stellvertretung (§§ 164 ff.) entsprechende Anwendung.

Umgekehrt kann die Gesellschaft nach ihrem Belieben[3] dem Kommanditisten eine dem Umfange nach geringere Generalhandlungsvollmacht, als sie in HGB. § 54 Abs. 1 und 2 festgelegt ist, übertragen, denn die Bestimmungen des § 54 Abs. 1 und 2 HGB. haben keinen absoluten Charakter. Doch braucht ein Dritter andere als die erwähnten Beschränkungen der Handlungsvollmacht nur dann gegen sich gelten zu lassen, wenn er sie kannte oder kennen mußte[4] (HGB. § 54 Abs. 3). Überschreitet nun der Kom-

---

[1] Der Kommanditist bedarf einer solchen Spezialvollmacht zur Eingehung von Wechselverbindlichkeiten auch dann, wenn er z. B. in einem Bankiergeschäfte angestellt ist, in dem doch derartige Geschäfte an sich zum gewöhnlichen Geschäftsbetriebe gehören.

[2] STAUB § 54 Anm. 2 S. 220.

[3] Anders bei der Prokura, die einen gesetzlich fixierten Inhalt hat.

[4] Er mußte sie kennen, wenn er sie infolge grober Fahrlässigkeit nicht kannte. Vgl. BGB. § 932 Abs. 2.

manditist die ihm gezogenen Grenzen seiner Handlungsvollmacht, und ist der Vertragsgegner bei Vertragsschluß im guten Glauben [1], so ist das Geschäft für die Gesellschaft verbindlich [2], der Kommanditist ist ihr aber schadensersatzpflichtig.

Was vorstehend für die Generalhandlungsvollmacht ausgeführt worden ist, gilt im allgemeinen auch für die Art- nnd Spezialhandlungsvollmacht.

Der Kommanditist berechtigt und verpflichtet durch seine innerhalb der Grenzen seiner Machtvollkommenheit vorgenommenen Handlungen die Gesellschaft nur dann, wenn er ausdrücklich im Namen der Gesellschaft auftritt, oder wenn dies aus den Umständen genügend hervorgeht (BGB. § 164 Abs. 1). Bleiben in dieser Hinsicht Zweifel bestehen, so ist nach BGB. § 164 Abs. 2 anzunehmen, daß der Kommanditist im eigenen Namen und auf eigene Rechnung kontrahierte. Sein innerer Wille, für die Gesellschaft handeln zu wollen, kann dann nicht in Betracht kommen.

Der Kommanditist in seiner Eigenschaft als Handlungsbevollmächtigter haftet der Gesellschaft für jegliche Sorgfalt.[3] Die ihm erteilte Handlungsvollmacht hebt die Verfügungsgewalt des Vollmachtgebers nicht auf, vielmehr können, wie bei der Prokura [4], so auch hier die vertretungsberechtigten Komplementare selbst neben dem Kommanditisten auftreten.

Ebenso wie die Prokura, erlischt auch die Handlungsvollmacht u. a. durch Widerruf, der durch jeden vertretungsberechtigten Gesellschafter jederzeit frei erfolgen kann.

Nach HGB. § 58 kann der Kommanditist ohne Zustimmung der Gesellschaft die ihm erteilte Handlungsvollmacht auf einen anderen nicht übertragen. Eine trotzdem erfolgte Weiterübertragung ist Dritten gegenüber wirkungslos.[5] Natürlich ist es dem

[1] Vgl. BGB. § 932 Abs. 2.

[2] Es wird also für die Gesellschaft ratsam sein, die Art sowie den Umfang der erteilten Vollmacht nach außen hin kundzugeben, um gegen dritte Personen geschützt zu sein. Eine Eintragung der Handlungsvollmacht in das Handelsregister ist unstatthaft; würde sie dennoch erfolgen, so würden die Wirkungen des § 15 HGB. nicht Platz greifen.

[3] Vgl. oben S. 47.

[4] Vgl. oben S. 48.

[5] Vgl. Protokolle S. 959, 1425.

Kommanditisten gestattet, ohne weiteres einem anderen eine beschränktere Vollmacht zur Ausführung einzelner Geschäfte zu erteilen, sofern dies in den Rahmen seiner Handlungsvollmacht fällt.

Schließlich sei noch bemerkt, daß die Handlungsvollmacht im weiteren Sinne stets einer besonderen Übertragung an den Kommanditisten bedarf. Seine bloße Tätigkeit im Geschäftsbetriebe begründet an sich noch keine Vermutung dafür, daß er Handlungsbevollmächtigter der Gesellschaft sei.[1]

Kontrahiert nun ein Kommanditist namens der Gesellschaft mit einem Dritten, ohne sich auf eine Handlungsvollmacht im weiteren Sinne berufen zu können, so ist er als falsus procurator anzusehen[2], und es finden auf ihn die Vorschriften der §§ 177—180 BGB. entsprechende Anwendung. Danach hängt die Wirksamkeit eines in solcher Weise geschlossenen Vertrags für und gegen die vertretene Gesellschaft von deren Genehmigung ab (BGB. § 177 Abs. 1). Wird diese versagt, so ist der Kommanditist dem Vertragsgegner nach dessen Wahl zur Erfüllung des abgeschlossenen Vertrags oder zum Schadensersatze verpflichtet (BGB. § 179 Abs. 1). Bis zur Genehmigung ist der Gegenkontrahent, der bei Abschluß des Vertrags den Mangel der Vertretungsmacht nicht kannte, zum Widerrufe berechtigt (BGB. § 178). War der Kommanditist selbst in dem guten Glauben, ihm stehe Vertretungsmacht zu, so ist er nur zum Ersatze desjenigen Schadens verpflichtet, den der andere Teil dadurch erleidet, daß er auf die Vertretungsmacht vertraute[3], jedoch nicht über den Betrag des positiven Interesses hinaus, das der andere Teil an der Wirksamkeit des Vertrags hatte (BGB. § 179 Abs. 2). Eine Haftung des Kommanditisten tritt überhaupt nicht ein, wenn der Gegenkontrahent den Mangel der Vertretungsmacht kannte oder kennen mußte (BGB. § 179 Abs. 3). Hat der Kommanditist einseitige Rechtsgeschäfte, wie Auslobung, Anfechtung, vorgenommen, so kann die Gesellschaft diese nachträglich nur genehmigen, wenn der andere Teil, dem gegenüber ein solches Geschäft vorzunehmen war, den Mangel der Vertretungsmacht unverzüglich nach der Vornahme des Rechts-

[1] Busch' Arch. Bd. X S. 409 ff.

[2] RG. Bd. X S. 301.

[3] Sog. negative Vertragsinteresse; vgl. auch BGB. § 122.

geschäfts nicht beanstandet hat oder damit einverstanden gewesen ist. Sonst sind derartige einseitige Geschäfte unwirksam und können selbst durch Genehmigung seitens der Gesellschaft keine Rechtsgültigkeit erlangen (BGB. § 180). In diesem Falle tritt auch keine Haftung der Kommanditisten ein, außer bei unerlaubten Handlungen.

Dritter Teil.

§ 7.
Schlußbemerkungen.

Fassen wir unsere Ausführungen und Betrachtungen in einer kurzen Schlußbemerkung zusammen, so erhalten wir folgendes Ergebnis:

Die Geschäftsführung ruht mangels besonderer Vereinbarung lediglich in den Händen der Komplementare. Die Befugnis zur Geschäftsführung erstreckt sich auf alle Handlungen, die der gewöhnliche Betrieb des Handelsgewerbes der Gesellschaft mit sich bringt. Bei Vorhandensein mehrerer Komplementare ist grundsätzlich jeder für sich berechtigt und verpflichtet, alle in den Rahmen der Geschäftsführung fallenden Obliegenheiten frei und selbständig vorzunehmen. Die übrigen geschäftsführenden Komplementare haben ein Widerspruchsrecht gegen die Vornahme einer solchen Handlung. Im Gesellschaftsvertrage kann Gesamtgeschäftsführung angeordnet sein, dann bedarf es zur Gültigkeit eines Geschäfts der Zustimmung aller Gesamtgeschäftsführer, außer bei Gefahr im Verzuge. Ist die Geschäftsführung vereinbarungsmäßig einem oder mehreren Komplementaren noch ausdrücklich übertragen worden, so sind die übrigen Komplementare von der Geschäftsführung ausgeschlossen. Wie einige Komplementare, so können auch alle von der Geschäftsführung ausgeschlossen und diese z. B. einem Prokuristen übertragen sein. Zur Vornahme außergewöhnlicher Handlungen ist ein Beschluß sämtlicher Geschäftsführer erforderlich, selbst bei Gefahr im Verzuge. Zur Bestellung eines Prokuristen bedarf es mangels besonderer Vereinbarung im Verhältnis der Gesellschafter untereinander sowie zur Gesellschaft der Zustimmung aller geschäftsführender Gesellschafter, es sei denn, daß Gefahr im Verzuge ist. Der Widerruf der Prokura dagegen kann durch jede der zur Erteilung oder zur Mitwirkung bei der Erteilung befugten Personen erfolgen. Die Geschäftsführungsbefugnis kann einem Komplementar nur auf Antrag aller übrigen Gesellschafter bei Vorliegen eines wichtigen Grundes durch gerichtliche Entscheidung — Urteil oder einstweilige Verfügung — entzogen werden.

Der Kommanditist ist im Zweifel von der Führung der Geschäfte der Gesellschaft ausgeschlossen. Er hat im allgemeinen nur ein Widerspruchsrecht gegen die Vornahme ungewöhnlicher Handlungen, ferner hinsichtlich des Geschäftsbetriebes ein beschränktes Kontroll- und Informationsrecht. Doch kann ihm durch den Gesellschaftsvertrag die Geschäftsführung ganz oder teilweise übertragen sein. Er hat dann grundsätzlich die Stellung eines geschäftsführenden Komplementars, und es finden auf ihn die vorher dargelegten Bestimmungen entsprechende Anwendung. Nur ist in der Übertragung der Geschäftsführung auf einen Kommanditisten nicht ohne weiteres der Ausschluß der übrigen Gesellschafter von der Geschäftsführung zu erblicken.

Die Vertretung der Kommanditgesellschaft steht kraft absoluter gesetzlicher Bestimmung den Komplementaren zu, und zwar prinzipiell jedem für sich in vollem Umfange. Sie sind die gesetzlich notwendigen Vertreter der Gesellschaft. Ihre Vertretungsmacht erstreckt sich auf alle gerichtlichen und außergerichtlichen Geschäfte und Rechtshandlungen einschließlich der Veräußerung und Belastung von Grundstücken, sowie der Erteilung und des Widerrufs einer Prokura. Sie ist gesetzlich unbeschränkt und unbeschränkbar, abgesehen von den wenigen, im Gesetz selbst ausdrücklich zugelassenen Beschränkungen, nämlich Gesamtvertretung in zwei Modifikationen und Beschränkung auf den Betrieb einer von mehreren Niederlassungen der Gesellschaft, sofern diese verschiedene Firmen führen. Ist Gesamtvertretung vereinbart worden, so können die Gesamtvertreter nach außen hin nur gemeinschaftlich handelnd auftreten, selbst bei Gefahr im Verzuge. Wie einzelne, so können auch alle Komplementare durch Gesellschaftsvertrag von der Vertretung der Gesellschaft ausgeschlossen werden. Dann muß für die Vertretung der Gesellschaft in anderer Weise, z. B. durch Bestellung eines Prokuristen, gesorgt werden. Die Vertretungsmacht kann dem Komplementar nur unter denselben Voraussetzungen entzogen werden, wie die Geschäftsführungsbefugnis.[1]

Der Kommanditist ist von der Vertretung der Kommanditgesellschaft ausgeschlossen, auch durch den Gesellschaftsvertrag kann ihm nicht die Stellung eines vertretungsberechtigten Gesellschafters eingeräumt werden. Wohl aber ist es möglich, daß ihm seitens der Gesellschaft Handlungsvollmacht im weiteren Sinne übertragen wird. Ist er nun in dieser Weise zum Prokuristen oder Handlungsbevollmächtigten der Gesellschaft bestellt worden, so finden auf ihn die gewöhnlichen Vorschriften des HGB. über Prokura und Handlungsvollmacht entsprechende Anwendung. Er hat dann grundsätzlich ganz die Stellung, wie ein zu der Gesellschaft in keiner Beziehung stehender Dritter, dem Prokura oder Handlungsvollmacht erteilt worden ist.

---

[1] Vgl. oben S. 55.

Druck von Metzger & Wittig in Leipzig.

FSC
www.fsc.org
MIX
Papier | Fördert
gute Waldnutzung
FSC® C083411

Kolibri 360 GmbH
Ferdinand-Jühlke-Straße 7
99095 Erfurt, Deutschland
produktsicherheit@kolibri360.de